U0129301

元雜劇三階段版本之變異研究

陳 富 容 著

文 史 哲 學 集 成

文史哲出版社印行

國家圖書館出版品預行編目資料

元雜劇三階段版本之變異研究 / 陳富容著. --
初版 -- 臺北市：文史哲，民 104.08
　　頁；　　公分（文史哲學集成；677）
參考書目：頁
ISBN 978-986-314-271-3（平裝）

1.元雜劇　2.劇曲評論

820.94057　　　　　　　　　104015894

文史哲學集成　　677

元雜劇三階段版本之變異研究

著　　者：陳　　　　富　　　　容
出 版 者：文　史　哲　出　版　社
　　　　　http://www.lapen.com.tw
　　　　　e-mail：lapen@ms74.hinet.net
登記證字號：行政院新聞局版臺業字五三三七號
發 行 人：彭　　　正　　　雄
發 行 所：文　史　哲　出　版　社
印 刷 者：文　史　哲　出　版　社
　　　　　臺北市羅斯福路一段七十二巷四號
　　　　　郵政劃撥帳號：一六一八〇一七五
　　　　　電話 886-2-23511028 · 傳真 886-2-23965656

定價新臺幣三六〇元

二〇一五年（民一〇四）八月初版

著財權所有 · 侵權者必究
ISBN 978-986-314-271-3　　　00677

元雜劇三階段版本之變異研究

目　　次

緒　　論

　　元雜劇是中國古典戲劇中，十分重要的一個環結。它集合了元代以前的文學作品、歷史事件，與民間傳說等故事題材，兼之以作者的想像，以一種完整而又成熟的戲劇形式搬演於舞台之上，讓無數觀眾，體會一場前所未有的感官饗宴。

　　元雜劇的出現，不僅為中國戲劇舞台留下了美好的典範，也為中國文學史留下了優秀的作品。在往後的數百年間，世人不斷以各種不同的形式，一再的傳承學習、模仿創新，從故事題材、文字內涵，到歌唱、舞蹈，以至於各種表演藝術。元雜劇不論在文學或藝術上，都成了後世掬取不斷的源泉。

　　然而，被後人引為典範的元雜劇，其所流傳之內容，不僅在不同的文學體裁與藝術形式上，不斷的改頭換面，重新包裝，致使於明清傳奇、清末地方戲，或當代戲劇中，各有其不同面貌之外，就連在以元雜劇為名，卻產生於不同時空的出版品中，也存在著各種內涵上的差異，而非單一形式的呈現。原來，元雜劇的變異，並非開始於不同載體之間的轉換，而是早就發生於不同時代的「元雜劇」之上了。

　　這個事實，在一段為時不短的歷史中，並未被重視，亦或許是，未敢妄談。「元雜劇」有很長一段時間，躲在《元

曲選》清潔的面貌、整齊的外表之下，呈現其傲人的姿態。
為臧懋循梳洗、打扮過後的元雜劇，仍然不掩其樸素而美好
的本質，尚且被王國維稱許為「中國最自然之文學」，[1]甚至
綻放出另一種迷人氣息，引起了世人廣大的閱讀與研究興
趣。只可惜，在《元曲選》這個喬裝改扮的分身遮掩之下，
人們只看見真實元雜劇若隱若現的形貌，而世人指為元雜劇
的種種，以及依附而言的背景，皆似是而非，難以確信。

其實，人們早就隱約感覺到《元曲選》似為分身的存在，
甚至更驚訝的發現，元雜劇的分身原來不只一個，除了《元
曲選》之外，還有明代宮廷所編選的元雜劇劇本。於是不少
學者開始對所見的元雜劇存疑，只是不見本尊，亦難以昭告
世人，所以只能一方面半信半疑的介紹分身，一方面鍥而不
捨的追查真相，終於一步一步地，使得「元雜劇」的各種樣
貌，逐漸清晰。在這過程中，有許多學者、收藏家都作出了
偉大的貢獻。

在中國戲曲研究史上，真正開始重視元雜劇版本問題，
並加以論述的，是為民初之王國維。王國維曾作〈元刊雜劇
三十種序〉一文，言及《元刊雜劇三十種》的發現，為元雜
劇的存目，增加了十七種海內孤本，也使當時傳世的元劇，
驟增至一百一十六種[2]，並以為其他十三種「即與臧選復出

---

1 王國維曰：「元曲之佳處何在？一言以蔽之，曰：自然而已矣。……
  故謂元曲為中國最自然之文學，無不可也。」而其後所舉之例証，文
  字皆出自於《元曲選》。（《宋元戲曲考》，「十二、元劇之文章」，
  收錄於《王國維戲曲論文集》，台北：里仁書局，1993年，頁125。）
2 王國維所謂一百一十六種之數，乃臧選百種扣除明初作品六種，加上
  《西廂》五劇，再加上《元刊雜劇三十種》中不與臧選重複的十七種。

者，體製、文字，亦大有異同，足供比勘之助。」[3]同時考訂三十種雜劇作者，釐定時代，作目錄附於文後，以供世覽。可見王國維對《元刊雜劇三十種》的發現，充滿喜悅之情，亦足見其對元雜劇不同版本的重視。

在王國維之後，為元刊雜劇研究奠定良好基礎的，應屬鄭騫。他不但探索元刊雜劇自明朝李開先以來的收受源流，在《校訂元刊雜劇三十種》序言中，為元刊雜劇的保存，留下了清晰的記錄，更以其個人深厚的學養，為元刊雜劇正誤、補缺、刪衍，並針對曲牌名目及曲文格律、缺漏，作詳細的校訂與增補，將《元刊雜劇三十種》恢復成一個可讀的版本。又進而分析歸納何煌所校之李開先鈔本《王粲登樓》的內容特色，認為李開先所鈔之底本，應屬於元刊本雜劇，故將之整理謄錄，恢復原貌，附於其所校訂的《元刊雜劇三十種》之後，使目前所見之元刊本雜劇，增加為三十一種之多。此本之校訂，實為往後的元刊雜劇研究，提供了極大的助益，對元刊雜劇之研究貢獻卓著，在鄭騫之後，徐沁君[4]、寧希元[5]亦曾對元刊雜劇進行校訂的工作，雖未能超越鄭騫之成就，但亦有足供互見者，不可忽略。

除了元刊雜劇之外，脈望館鈔校本雜劇的發現與研究，也為元雜劇的探析之路，開啟了另一個嶄新的里程。而此書

見《王國維戲曲論文集 ——〈宋元戲曲考〉及其他》，台北：里仁書局，1993 年，頁 386。

3 同前註。

4 徐沁君校點，《新校元刊雜劇三十種》，北京：中華書局，1980 年。

5 寧希元校點，《元刊雜劇三十種新校》，蘭州：蘭州大學出版社，1988年。

之發現，其中居功厥偉的，則為鄭振鐸先生。

　　由於鄭振鐸對元雜劇的正視與珍惜，不遺餘力的為國人搶救下這批極其珍貴的文學寶藏。他在〈跋脈望館鈔校古今雜劇〉[6]一文中提到十年來（據其為文時間推算，應該約在民國二十至二十九年左右），明代包括息機子本、尊生館本、古名家本、顧曲齋本、童野雲本、[7]繼志齋本等各種元雜劇刊本陸續出現，以及《元刊雜劇三十種》的發現，為現存元雜劇的文本數量，增加了許多前所未見的孤本。他簡述了各種版本中的孤本保存概況及其價值，等於宣告著元雜劇的研究，即將進入另一個新紀元，不再以《元曲選》為唯一的文本。

　　而最令他興奮的，莫過於《脈望館鈔校古今雜劇》的尋獲。雖然中間幾經波折，眼見國寶得而復失，成為商人待價而沽的商品，但終究皇天不負，在他和盧冀野等人的努力籌措之下，以高價購得，並且無私的將之歸為國有，讓這批珍貴的圖書，真正成為「國寶」，與世人同享。故而記錄了這批藏書的受授源流，並整理其遺失和存留書目，說明其價值，以留待後人。

　　之後，孫楷第便針對這批脈望館的藏書，作《也是園古今雜劇考》一書，書中他將趙琦美這批藏書分為內府本、于小穀本、不知來歷鈔本、息機子本，及古名家本等幾種版本，根據其內容概況及趙氏跋語，在古籍中爬梳出一些可能的蛛

6　蔡毅編著，《中國古典戲曲序跋彙編》，卷四，鄭振鐸〈跋脈望館鈔校古今雜劇〉，北京：齊魯書社，1989 年，頁 367。
7　此一版本目前尚未尋得，亦未見其他相關研究資料提及此書內容，故此暫且存而不論。

絲馬跡，考察各種版本的來源，處處顯示其考據功力之深。他還對這批藏書的流向、書目的保存、鈔校的概況，一一加以詳察，分門別類，綱舉目張，為元雜劇的研究，留下了極為珍貴的資料。

另外，徐朔方則著有《元曲選家臧懋循》一書，書中除了介紹《元曲選》的編印情況及歷史貢獻之外，也比較了《元曲選》與《古名家雜劇》、《元明雜劇》、《雜劇選》、《陽春奏》等元雜劇版本的差異，並整理現存元雜劇的書目。最重要是他提出與孫楷第先生相反的意見，認為《元曲選》乃集各版本精華所成，並非如孫氏所謂：「師心自用，改訂太多。」[8]反而可能「恰恰表明其它明刻本的編選者都沒有臧懋循那樣搜羅之勤，收藏之富。」[9]只可惜他所比較版本不夠全面，故未能列舉更具突破性的例証，取信於人，但他所提出的論述，仍是一個值得深入的探究方向。

而前述之鄭騫，對於元刊本以外的元雜劇版本研究，也有重大的貢獻，尤其是在以《脈望館鈔校古今雜劇》一系列元雜劇的版本內容，與其他版本之比較分析的研究方法上，更是開風氣之先。他耗費了巨大的精力，比較現存元雜劇各劇之不同版本異文，寫成一系列〈元雜劇異本比較〉的文章，記錄各版本之間關目、套式、曲文等差異，尤其是對於曲文，除了整理記錄其差異之外，更以其深厚的曲學基礎，加以分析解說，使後人對於元雜劇版本的不同內涵，有了更深入的

---

8 孫楷第著，《也是園古雜劇考》，上海：上雜出版社，1953 年，頁 151。
9 徐朔方著，《元曲選家臧懋循》，北京：中國戲劇出版社，1985 年，頁 23。

瞭解，也為元雜劇之版本比較，奠定良好的根基。如兼之以
其《校訂元刊雜劇三十種》及〈從元曲選說到元刊雜劇三十
種〉、〈元明鈔刻本元人雜劇九種提要〉、〈元人雜劇的逸
文及異文〉、〈孤本元明雜劇讀後記〉等著述之析論，鄭騫
之元雜劇版本研究與成就，真可謂曲學第一人。

　　然元雜劇之版本研究博大精深，前人窮畢生之力，仍不
免有未盡之處，猶待後學之人，在這些堅固的基礎上，不斷
的接續努力。筆者自研究元雜劇以來，常有感於當今元雜劇
之部分研究成果，經常由於未辨明元雜劇版本之差異，容易
出現張冠李戴的結論，以致美玉有瑕。因而不揣固陋，立志
於元雜劇版本之釐清工作，截至目前為止，已完成元雜劇曲
文、上場詩及劇末韻白等元雜劇使用語言之階段性差異研
究，取得些微的成果。

　　元雜劇之語言，由於保存相對的完整，且為劇本創作之
重要元素，故為筆者研究元雜劇階段性差異問題，第一個想
要深入觀察剖析的重點。而就元雜劇劇本的性質而言，語言
問題的研究重點，應在於曲文與賓白之上，而其中賓白的重
點又在於韻白。由於元雜劇除元刊本之刻意簡省之外，其餘
各版本在散白上的差異並不明顯，其間若有大幅度的改編，
大多與劇情、排場、表演模式，或是編者的思想觀念、演出
環境的不同有關，這些問題牽涉層面複雜，非單純是語言上
的問題，可以另文討論。而其中所反映的語言問題，則與曲
文、韻白相當。故以曲文與韻白所探討之元雜劇語言差異，
應具有一定程度的代表意義。

　　故此，筆者一系列關於元雜劇語言的研究，首先鎖定於

元雜劇曲文、上場詩及劇末韻白等戲曲語言之階段性差異之上，著有《明代流傳之元雜劇版本及其曲文改編研究》、〈元雜劇上場詩之階段性差異研究〉、〈明代宮廷本元雜劇之劇末韻白研究〉、〈《元曲選》劇末韻白之改編研究〉等文，對於元雜劇曲文、上場詩及劇末韻白之階段性差異，提出研究結果，呈現元雜劇語言變異過程的大致情況，並分析其中意涵。

　　經過對於元雜劇語言的階段性差異研究之後，筆者對於元雜劇不同階段版本之差異問題，略有瞭解，相信在此基礎之上，對於其他戲劇元素之階段性差異內涵，定能更快掌握，作出具有正面意義的討論，讓元雜劇的研究，向前推進。故本書之撰寫，除開元雜劇之語言問題不再重複論述之外，將針對其情節發展、人物塑造、腳色編排、動作提示、演員排場的戲劇元素，進一步深入探索，期使元雜劇的階段性差異討論，能更加全面而完整，解決長期以來模糊不清的元雜劇真實面貌問題。

　　本書之研究，將延續一系列的元雜劇階段性差異問題的探討，將現存的所有以劇本的形式保存、首尾尚稱完整的元雜劇版本，依其出版內容之時間先後，分為三個階段：一是元代刊鈔本，包括《元刊雜劇三十種》、《李開先鈔本元雜劇》（僅存《醉思鄉王粲登樓》一種），這三十一種劇目，皆是以元代版本刊、鈔而成，基本上屬於同一類，一般認為最接近原著面貌；[10]一是明代宮廷本體系版本（以下簡稱明

10　鄭騫曾道：「欲欣賞真正元劇，欲知元劇的本來面目，非讀此書不可。」又道：「全書三十種雜劇，版式字體均不相同，有大字本，有小字本，

代宮廷本），包括《脈望館鈔校本古今雜劇》、《改定元賢
傳奇》、《元人雜劇選》、《古名家雜劇》（包括《新續古
名家雜劇》）、《陽春奏》、《古雜劇》、《元明雜劇》等
七種版本，這幾個版本經過比對，內容大同小異，而且究其
根源，大多來自於明代宮廷或教坊本，故統歸為一系；[11]一
是《元曲選》百種，這是經過臧懋循整編，與其它明代版本
內容差異較大的版本，也是流傳最廣，影響最大的版本。[12]

有題大都新編者，有題古杭新刊者。據此可知是書坊雜湊而成的本
子；可能原來是每種單行，藏書者把他們裝訂在一起。……其實這部
書所收都是元代作品，根本無所謂古今。」可見鄭騫以為，此三十種
劇目，雖然雜湊而成，但都是元人所刊刻，也是比較接近原著的作品。
另外又將〈王粲登樓〉一劇附錄於後，原因是：「全書校完以後，又
在趙氏脈望館鈔校雜劇中發現了何煌校李中麓鈔本王粲登樓；我認為
這個本子與元刊三十種是同類的，所以把他清繕出來，附在全書後
面。」（鄭騫校訂，《校訂元刊雜劇三十種·序》，台北：世界書局，
1962年，頁2-4。）故此處將這三十一種劇目，歸屬同類，一併而論。

11 孫楷第曾考訂：「此七書除李開先《改定元賢傳奇》外，余皆親見其
書，曾一一讎校。以余所考，除臧懋循《元曲選》不依原文，改訂太
多，孟稱舜《柳枝》《酹江》二集，出入於原文及懋循本之間，此二
書應別論外，其餘五書，勘其文皆大同小異，知同出一源。其所底本
今雖不能盡知，然余意當直接間接自明內府或教坊本出。明內府本曲
與教坊本同，故亦可云自明內府本出。」（同註8，頁150。）依孫楷
第先生之見，此類版本應屬「明代內府本體系」，但因元雜劇版本中
「內府本」已為特定一種版本的定稱，容易造成誤解，故本文暫將此
一體系版本稱為「明代宮廷本」，以明其為宮廷收藏、流出等版本特色。
另外，筆者尋得孫楷第先生未見之本「李開先《改定元賢傳奇》六種」，
校其內容，亦同於明代宮廷本體系之其它版本，故此一併討論。

12 孫楷第謂：「臧懋循《元曲選》，本自內本出。而懋循，師心自用，
改訂太多，故其書在明人所選元曲中自為一系。凡懋循所訂與他一本
不合者，校以其他諸本，皆不合。凡他一本所作與懋循不合者，校以
其他諸本，皆大致相合。」（同註8）另外，孟稱舜《《柳枝》《酹
江》二集，如前所述，由於內容是出入於明代宮廷本體系與《元曲選》
之間，故暫且不論。

　　由於考慮到問題呈現的完整性，及讀者理解的便利性，本文擬以元雜劇三階段版本具全之《楚昭王疎者下船》、《泰華山陳摶高臥》、《看錢奴買冤家債主》、《相國寺公孫汗衫記》、《張鼎智勘魔合羅》、《死生交范張雞黍》、《醉思鄉王粲登樓》等七個劇目為主要研究文本，以便於系統的觀察元雜劇，窺探三個不同階段版本之情節發展、人物塑造、腳色編排、動作提示、演員排場等內容變化之一斑，將所有元雜劇的階段性問題，透過一系列的觀察，作更完整的呈現。以下先就此七個劇本，於本文所討論三階段版本之存在名稱與狀況，作一簡單的說明：

　　1.《楚昭王疎者下船》：此劇現存元刊本、脈望館鈔校內府本、《元曲選》三種。在元刊本中題曰「楚昭王疎者下船」，在脈望館鈔校內府本及《元曲選》中皆題曰「楚昭公疎者下船」，元刊本與後出版本之間有著「王」與「公」一字之差。[13]

　　2.《泰華山陳摶高臥》：此劇現存版本最多，共有元刊

13　對此《曲海總目提要》卷一《楚昭公》條曾云：「楚僭稱王，劇稱公，遵經也。然吳則稱王，又不可解。」（清·黃文暘撰、董康校訂，《曲海總目提要》卷一《楚昭公》條，收錄於俞為民、孫蓉蓉主編，《歷代曲話彙編：新編中國古典戲曲論著集成》（三）清代編，合肥：黃山書社，2009 年，頁 81。）故知此劇之原作「楚昭王」乃從其僭稱，後出版本改稱「楚昭公」，實則遵經之禮制而更名，但賓白處卻又未加塗改，留下了「吳王」稱謂的矛盾。故嚴敦易見元刊本之題名而豁然開朗，因曰：「現在我們既知道元刊本原作《楚昭王》，便可藉以明瞭，「公」字當委係後人所改抹，但於賓白中稱吳王處，卻留下了矛盾的痕跡，為《提要》編撰者所覺察。」（嚴敦易著，《元劇斟疑》，上海：中華書局，1960 年，頁 387。）可見其得睹原作以釋疑之喜悅，也對後出版本片面的修改，微示不滿之意。

本、改定元賢傳奇本、息機子本、脈望館藏古名家本、陽春奏本及《元曲選》六種。其中元刊本以「泰華山陳摶高臥」為標題，但同刊於元代的《錄鬼簿》（天一閣本）則名為「西華山陳摶高臥」，而其餘明代流傳之所有版本，亦皆以「西華山陳摶高臥」為名。

3.《看錢奴買冤家債主》：此劇現存元刊本、息機子本（另有《脈望館藏息機子本》二者內容相同）、《元曲選》三種。除在脈望館藏息機子本中以「看財奴買冤家債主」為標題外，其餘兩本皆以「看錢奴買冤家債主」為名，而且脈望館藏息機子本最後的正名亦為「看錢奴買冤家債主」。

4.《相國寺公孫汗衫記》：此劇現存元刊本、脈望館鈔校內府本、《元曲選》三種，元刊本與脈望館鈔校內府本皆以「相國寺公孫汗衫記」為標題，《元曲選》則題名曰「相國寺公孫合汗衫」。

5.《死生交范張雞黍》：此劇現存元刊本、息機子本（另有《脈望館藏息機子本》二者內容相同）、《元曲選》三種，三本皆題名曰「死生交范張雞黍」。

6.《張鼎智勘魔合羅》：此劇現存元刊本、脈望館藏古名家本、《元曲選》三種。元刊本以「張鼎智勘魔合羅」為標題，脈望館藏古名家本及《元曲選》則皆以「張孔目智勘魔合羅」為題。

7.《醉思鄉王粲登樓》：此劇元刊本原文已不存，但在脈望館收錄的古名家本中，有何煌就李開先鈔本加以校對的內容，經鄭騫研究校對後認為：「細觀此一鈔本，不僅與三十種同出李氏，其體裁形式亦完全相同。」故列舉此鈔本與

明代版本的三類差異，而後結論道：「凡此三者，皆為元刊本雜劇與一切明人刊本之主要區別。可知此鈔本若非元鈔，即是自元刊或元鈔傳錄，蓋與元刊三十種可以等量齊觀者。」[14]故筆者以為應將此劇列入本文之研究範疇。除此，此劇現存古名家本（另有《脈望館鈔校古名家本》，二者內容相同）、《元曲選》兩種，皆題名曰「醉思鄉王粲登樓」。

除此七劇之外，另有馬致遠《馬丹陽三度任風子》一劇，亦存有元刊本、脈望館就內本世本合為一本，及《元曲選》等版本，但由於其中「脈望館就內本世本合為一本」之版本，內容牽涉複雜，不知其所用「世本」為何，又缺乏其他明代宮廷本版本以資校對，唯恐其無法代表第二階段之版本，故本書暫不討論。

本書所論，乃依據上述七劇的存在狀況，比較分析其間不同階段版本的差異。文中論及劇目之時，則依所敘述各階段版本的不同標題名之，涉及人物或其他名稱之時，處理狀況亦同，如一併而論，則以元代刊鈔本名稱為主。以下便將上述內容，依三個階段整理表列，以便後續之比對參考：

---

14 同註 10，頁 457。

元代刊鈔本	明代宮廷本	元曲選
楚昭王疎者下船（元刊本）	楚昭公疎者下船（脈望館鈔校內府本）	楚昭公疎者下船
泰華山陳摶高臥（元刊本）	西華山陳摶高臥（改定元賢傳奇本、息機子本、脈望館藏古名家本、陽春奏本）	西華山陳摶高臥
看錢奴買冤家債主（元刊本）	看財（錢）奴買冤家債主（息機子本，另有《脈望館藏息機子本》）	看錢奴買冤家債主
相國寺公孫汗衫記（元刊本）	相國寺公孫汗衫記（脈望館鈔校內府本）	相國寺公孫合汗衫
死生交范張雞黍（元刊本）	死生交范張雞黍息機子本（另有《脈望館藏息機子本》）	死生交范張雞黍
張鼎智勘魔合羅（元刊本）	張孔目智勘魔合羅（古名家本，另有《脈望館藏古名家本》）	張孔目智勘魔合羅
醉思鄉王粲登樓（李開先鈔本）	醉思鄉王粲登樓（古名家本，另有《脈望館鈔校古名家本》）	醉思鄉王粲登樓

　　本書所引用之元雜劇原文，除《元曲選》以中華書局據明刻本校刊之版本為底本之外，[15]其餘皆引用楊家駱主編之《全元雜劇》所影印收錄的版本為依據，[16]故於文中引用時，便不再聲明出處，僅註明其冊數及頁數。

15 明‧臧懋循輯，《元曲選》，臺北：臺灣中華書局，據明刻本校刊，1965 年。
16 楊家駱主編，《全元雜劇》初、二、三、外編，台北：世界書局，1962～1963 年。

第一章　元雜劇三階段版本之情節發展差異

　　情節發展與人物塑造，是奠定一個劇作優劣成敗的重要基礎，也是該作品可以口耳相傳、街談巷議的主要題材。所以，劇作情節發展是否引人入勝，人物塑造是否深刻生動，往往成為它能否深植人心、得到世人肯定的關鍵所在。故此，本文將優先處理元雜劇情節與人物改編的問題，首論元雜劇三階段版本之情節差異問題。

　　元雜劇的情節內涵，向來是文學史中，膾炙人口的主題。但其實元雜劇在流傳過程中，經過數次改易，早已失卻原來面貌，甚至有論者提出現今所見元雜劇並非元雜劇的說法。[1]所以，研究元雜劇的情節發展，亦當考慮流傳過程中發生的變易因素，而非囫圇吞棗的將流傳內容完全指為原著。

　　究竟現今所見的故事情節，是在元雜劇創作之初便已樹立，還是在流傳過程中，慢慢被改造捏塑、逐漸成形的呢？

---

1 伊維德著，〈我們讀到的是「元」雜劇嗎 —— 雜劇在明代宮廷的嬗變〉，由宋耕翻譯，認為元雜劇經過明代統治者改編為一種宮廷娛樂，又經《元曲選》編者改編為江南文人書齋中的案頭劇本，早已不是元代所創作的元雜劇了。（收錄於《文藝研究》2001 年第 3 期，頁 97-106。）

在流傳過程中，有那些故事內容消失了，又有那些是慢慢被添入的？這些答案，筆者都將在本章節中，透過元雜劇三階段的情節比較，一一呈現。並藉著對於這些情節變化的掌握，探討元雜劇三階段版本的刊刻與改編重點。

第一節　元代刊鈔本之情節發展概述

　　元代刊鈔本由於刊登目的之所致，其保存內容除了曲文相對完整之外，其餘則不同程度的選擇保存部分賓白與科介。以元雜劇劇本而言，曲文多半擔負著抒情的功能，只在抒情過程中，隱隱透露情節。相對於曲文，元雜劇的賓白與科介，更能擔當起講述劇情的重要角色，大抵故事情節、人物性格，皆能藉此得以清晰。

　　由流傳的元雜劇劇本中可見，賓白能使劇情更加明朗，多數劇作的情節脈絡與人物形象，都是藉著賓白得以清晰呈現；而科介則通常可以幫助讀者將故事形象化，讓讀者藉此想見演出的情境。因此，藉著賓白與科介，戲劇的舞台演出情境與故事的發展，讀者便可約略於紙上想見，讓為演出而創作的元雜劇，不僅只能靠著師徒間的口傳心授，也同時具備了紙上傳遞與案頭閱讀的實用性。但顯然，元代刊鈔本雜劇並不為了紙上閱讀而刊刻，想要閱讀元雜劇，仍然有待明代版本的出現。

　　元代刊鈔本雜劇，由於刊刻的目的不同，在科介與賓白

的記錄上也有省略程度上的差異。[2]在賓白的保存上，多數版本除了主唱腳色正末或正旦之外，其他腳色的賓白幾乎是完全不記錄，有些劇目甚至連主唱腳色的賓白都省略。而在科介的保存上，則通常不是簡省闕漏，便是充斥著當時戲班間交流傳授的簡化術語，令人頗為費解。[3]元代刊鈔本如此之賓白與科介保存，導致大多數的劇目，需在曲文的敘述中，拼湊其情節發展之概要，而造成多數劇目皆有著故事情節不夠明朗的問題，令人深感惋惜。

　　以下便透過元代刊鈔本目前所保存的文字狀況，透過其曲文及賓白、科介之綜合分析，將七個劇目所能解讀的情節發展概況，表列如下，以便後文之比較分析：

---

2 汪詩珮《從元刊本重探元雜劇 ── 以版本、體製、劇場三個面向為範疇》一文，其中曾將元刊雜劇依其刊刻性質分類，認為舞台指示與說白數目各有不同，大致可分為「關目本」、「的本」、「曲本」、「觀眾本」四類。並結論道：「元刊雜劇的『底本』與教坊關係密切，從教坊流至書坊，主要讀者群為雜劇藝人、青樓妓女（關目本、的本、曲本），且不乏藝苑知音的文人雅士（曲本、觀眾本），當然也包括愛好看戲的一般觀眾（觀眾本）。」（第一章「元刊雜劇版本意義的探討」，國立清華大學博士論文，2006 年 2 月，頁 72）

3 如開、一折、等、科、住、了……等。這些用語，隨著歷來學者的不斷探索，逐漸有了較為明朗的合理意義，但也只能幫助讀者想像這些演員在舞台上做了些什麼事，對於實際的演出內涵，依舊無法知悉。

【表 1-1】元代刊鈔本的情節發展概要表

劇目[4]	內容大意	劇本保存狀況
楚昭王 疏者下船	1. 【端正好】楚昭王自思過往，似有後悔之意，擔憂伍子胥前來復仇。 2. 【點絳唇】至【寄生草】七曲：楚昭王與另一人（應是其弟羋旋）談子胥復仇之事，論及其臨潼會上的英勇。 3. 【寄生草么篇】至【尾】三曲：有臣（應是申包胥）欲奔秦借兵，楚昭王寄與厚望，並期待其及早借兵歸來。 4. 【鬥鵪鶉】至【寨兒令】五曲：伍子胥已帶兵前來，楚昭王似與妻子論及脫逃之事。 5. 【調笑令】至【聖藥王】五曲：楚昭王觀戰勢，道出伍子胥勢如破竹，層層進逼，鞭楚王屍首。楚昭王只能期待申包胥早日借得秦兵，以解楚國之危。 6. 【鬼三台】至【收尾】三曲：楚昭王一家四口慌亂中商議逃亡。 7. 【粉蝶兒】至【迎仙客】三曲：楚昭王等一路逃亡至江邊，煩惱無法可渡。 8. 【紅繡鞋】：楚昭王等拜託漁父載渡。 9. 【石榴花】至【滿庭芳】五曲：遇大風浪，漁父要求疏者下船，於是楚夫人、公子，先後下船，而後風浪平息。 10. 【四煞】至【尾】四曲：楚昭王與弟平安下船，分路逃生。 11. 【新水令】、【駐馬聽】二曲：申包胥借得秦兵，重扶楚國。 12. 【沈醉東風】至【滴滴金】二曲：昭王弟重回楚國，兄弟相見。 13. 【折桂令】至【水仙子】五曲：楚昭王似已另外封后生子，向其弟引見，並共同悼念楚夫人與楚公子，為他們建墳立碑。	總題「大都新編楚昭王疏者下船」。 刊刻內容全無賓白與科介。故左欄所載內容大意，僅由曲文大致加以推敲。

---

4 原本元代刊鈔本不分折，此處便依原樣呈現，不分折數。

泰華山 陳摶高臥	1. 外云了：應是趙匡胤（包含鄭恩）上場自報家門。	總題「新刊的本泰華山陳摶高臥」，下注「關目全」三字。本劇元代刊鈔本前二折賓白與科介皆十分詳細，幾乎標示了重要腳色動作與正末賓白，內容與明代刊鈔本皆能吻合。只可惜到了三、四折以後，漸趨簡陋。
	2. 「正末道扮上開」…【點絳唇】至【天下樂】四曲：陳摶上場自報家門，並道欲至長安市上開卦肆，盼遇真命治世，為其指點迷津。	
	3. 「外上問卦云了」…【醉中天】至【醉中天】六曲：趙匡胤向陳摶問卦。陳摶看出趙等君臣二人不凡的天命，並為之指點迷津。	
	4. 「外云了」…【金盞兒】至【賺煞】二曲：趙匡胤承諾，事如應驗必將酬謝，陳摶表明清靜無為之心，只想隱退潛修。	
	5. 「使上云了」（虛下）：可能是使臣說明奉命來請陳摶下山之事。	
	6. 「末上云」…【一枝花】至【隔尾】三曲：陳摶上場，表明自遇趙鄭二人後，放心歸隱山中之清閑快活。	
	7. 「使上云了、迎接使科」…【牧羊關】至【賀新郎】六曲：使者請陳摶下山，陳摶對使者說明心志。	
	8. 「外云了」…【牧羊關】至【烏夜啼】三曲：使者向陳摶請教修道之事，陳摶略加開示，並道自己無法為官。	
	9. 「使云了」…【帶黃鍾煞】：使者奉命堅請，陳摶不得已答應下山，了結此事。	
	10. 【端正好】至【滾繡球】四曲：宋皇命人賜衣冠道號，陳摶雖然準備見駕謝恩，但仍然視富貴如浮雲。	
	11. 「見駕打稽首科」【倘秀才】至【三】十曲：宋皇親見陳摶請他為官，陳摶依舊堅定心意，表明自己嚮往山中清閑生活，不適合為官。	
	12. 【新水令】：陳摶一人在房中自述清閑心境。	
	13. 【駐馬聽】至【攪箏琶】四曲：女色上場引誘陳摶，陳摶不受誘惑。	
	14. 【雁兒落】至【梅花酒】四曲：雖未標示	

	何人上場，但【雁兒落】以下所唱應是與某臣談及當初算卦之事。某臣上場是為誘使陳摶享用美酒美色，陳摶為躲避而入睡。	
	15.【收江南】至【太平令】三曲：某臣將陳摶與色旦關在房中過夜，希望使其破戒，陳摶秉燭待旦，不為所惑。	
	16.【離亭宴帶歇指煞】：陳摶堅定心意，終於得到諒解，得歸山林修道。	
看錢奴買冤家債主	1.「淨扮賈弘義上開」[5]「做睡的科」。 2.「聖帝一行上開了」。 3.「問淨云了」「尊子云了」「淨云了」：應為賈弘義向聖帝告冤，聖帝因此呼召增福神。 4.「正末披秉扮增福神上開」…【點絳唇】至【（六么序）么篇】十曲：增福神主張此人不宜憫恤，二人爭論其間情理。 5.「尊子云了」…【賺煞尾】：聖帝最後決定借予賈弘義二十年富貴。 6.「淨做睡覺科」「云了」「尋的古藏科」「云了」：賈弘義醒來後，尋得古藏。 7.「正末藍扮同旦倈兒上開」…【端正好】：周榮祖帶妻兒探親不著，卻遇著大雪，挨餓受凍。 8.「外末扮陳德甫上做賣酒科」…【滾繡球】：陳德甫與酒取暖。 9.「外末問了」…【倘秀才】：陳德甫得知周氏的情況，建議周將孩兒長壽過房與賈弘義，周無奈應允。 10.「外末上了」…【滾綉球】至【呆古朵】三曲：陳將此事告知賈員外，雙方立定文書。立完文書，賈氏夫婦因故掌摑孩兒，並不疼惜。	總題「新刊關目看錢奴買冤家債主」。正末科白與其他腳色科介，幾乎皆能清楚標示。

---

5 本表如遇元代刊鈔本意義不甚瞭清楚的地方，便以原本字句表明，不妄自揣摩，以免誤導。此處「開」字雖不知實際言語內容為何，但在元代刊鈔本中，多用於人物上場介紹身世性格，或說明自身遭遇等情況。

	11.「正末做欲去請錢科」…【倘秀才】至【收尾】九曲：周榮祖無奈欲去，賈弘義以些許銀錢打發周榮祖夫妻，極其苛刻，引發二人一場爭辯。陳德甫只得賠錢貼補，最後周榮祖痛罵賈弘義為富不仁。	
	12.「淨做抱病上」「外旦一行上云」「正末云」…：賈弘義生病，與外旦（應是賈夫人）等議事，正末（應為「淨」之誤）說道要倈兒（長壽）替還二十年前東嶽香愿。	
	13.「正末又扮庄老上開」…【集賢賓】【逍遙樂】二曲：周榮祖夫婦來到廟中，順便打聽孩兒消息。	
	14.「（正末）云」…【金菊香】至【青哥兒】四曲：周氏夫婦欲在廟裏睡下，受長壽與其僕來興驅趕，雙方起了衝突。	
	15.「各做睡科」…「小末打噴嚏了」：各自睡下後，周榮祖思念呼喚孩兒，長壽打噴嚏。	
	16.「等神鬼卒子拿淨上」…【村里迓鼓】至【尾聲】八曲：賈弘義上場托夢，似欲令二人父子相認，二人卻因此再度發生衝突。	
	17.「外末上提賈員外死了」「小末上了」。	
	18.「正末卜兒上開」…「外提陳德甫散藥了」：周氏夫婦上場，周妻急心疼，陳德甫給藥救濟。	
	19.【小桃紅】至【鬼三台】四曲：周與陳相認，陳向周提起賈員外已死，令其與長壽父子相認。	
	20.「小末云了」…【金蕉葉】至【聖藥王】三曲：周見長壽，認出其乃廟中手執之人，氣得想去告官，最後和解。	
	21.【調笑令】【收尾煞】二曲：周發現賈氏財富原為其祖上流傳，感嘆賈氏不過是為其看財而已。	
相國寺公孫汗衫記	1.「正末扮員外引卜兒外本外旦上開」…【點絳唇】【混江龍】二曲：張文秀上場介紹家世及為人性情，與妻兒樓上賞雪。	總題「大都新編關目公孫汗衫記」。

2.「等淨上凍倒科」…【油葫蘆】【天下樂】二曲：見陳虎雪中凍倒，張氏父子善心解救，並贈送十兩盤纏。	正末科白與其他腳色科介，幾乎皆能清楚標示。
3.「等外末云了」、「等外末云交淨看庫了」：【金盞兒】一曲似透露張孝友認義，而張文秀有意見的情節。但不明顯。	
4.「等解子押外淨趙興孫上云住」…「等解子外淨先下」：又見趙興孫被解子押送，同樣致贈盤纏，張妻認義，而陳虎卻欲奪其銀兩，為張員外所訓示，而後趙先離去。	
5.【賺尾】：張員外看出陳虎是個忘恩負義之人，因而感慨。	
6.「等淨提了下」：陳虎上場，似言其惡意。	
7.「等外末上云住」：張孝友上場，似言心事。	
8.「等淨上」「說外末躲災」「都下」：陳虎說服張孝友外出躲災。	
9.「等卜兒叫住」…【越調鬥鵪鶉】至【紫花兒序】七曲：張員外夫婦得知消息，追趕而上，勸阻兒子媳婦。	
10.「等外末云了」…【調笑令】：張孝友堅心欲往，張文秀見勸阻無效，只得撕破布衫，並咬破小指抹血，各持其半，以待日後相認。	
11.「等外末一行辭了先下」…【寨兒令】至【二】三曲：張孝友等人離去，張文秀夫婦感嘆而歸。	
12.「提入城了」「等外云失火了」…【三】至【收尾】四曲：張員外夫婦回程驚見家中失火，搶救不及，家產燒盡，二人淪落叫化。	
13.「等外末一行上」「淨打外末下水了」「等淨提得俫兒了」：陳虎打張孝友落水，張妻生下孩兒，認賊作父。	
14.「等外末扮相國寺長老上開關子下了」：外末扮相國寺長老上場開關子。	
15.「等外旦淨小末上云住交小末應舉科」「等淨囑付了先下」「外旦與小末汗衫	

	了」：陳虎與張妻要小末（孝友之子）進京應舉，陳虎離去後，張妻付與汗衫尋人。	
	16.「等長老上開住」「等小末扮孤上見長老提打齋坐定」：小末與長老商議散齋救貧之事。	
	17.「正末引卜兒扮都子上」…「等與齋飯了」：張員外夫婦叫化乞食，得小末善心救濟。	
	18.「打認科」…【上小樓】么：張夫人將之認作孝友，經過一番澄清，失望欲去。	
	19.「等孤云了」「做接了衫兒看了」…「做將兩半衫兒比了」：小末見二人衣衫襤褸，欲贈布衫補破，而為張文秀所識認。	
	20.「（正末）悲云」…【脫布衫】至【收尾】五曲：張文秀見狀已能想像其中情由（並敘及張妻離去時有三個月身小），因而認出小末應是孫兒，故要他回去告知母親此事，並囑付不可使陳虎知情。	
	21.「外旦上云住」「孤一見住云了」：小末回家後與母親對話，張妻說關子（應是說明其經歷）。	
	22.「等淨上云了」「等孤趕淨下」：小末知情後，見陳虎即加以追趕捉拿。	
	23.「等外淨扮邦老趙興孫上場開住」。	
	24.「正末引卜兒隨外上唱」…「等外淨云了」「提插簡下」：趙興孫本欲搶劫張員外夫婦，問及身分，方知是當初恩人。後趙似欲去捉拿陳虎為其報仇。張員外夫婦則前往寺廟插簡。	
	25.「等長老上云住」：寺廟長老上，應是張孝友自道其遭遇。	
	26.「便上見長老科」…【落梅風】至【德勝令】八曲：張員外夫婦至寺廟追薦張孝友，對長老言及身世。經過一番波折，張孝友說明其由，父子終於相認。	
	27.「等長老云關兒」「做說與卜兒認住」「外旦上云了」「認住」：張孝友話說因由，與母親相認，接著妻子亦來相認。	

	28.「等孤趕淨上」「淨待下外淨衝上拿住」：孝友之子追趕陳虎，趙興孫協助拿住。	
死生交范張雞黍	1.「卜兒孔仲山云了」：應是孔仲山欲出外求官，告別母親的演出程式。 2.「駕引第五倫丞相云了」「外云了」：根據後面的劇情，此處應是皇上與第五倫談論求才之事。 3.「扮秀王載秦巾深衣引三人外末上云」「正末扮秀才上云」【賞花時】：范巨卿介紹張元伯、孔仲山、王仲略三人才性，各還鄉里。范張二人有雞黍之約。 4.【點絳唇】至【（六么序）么】十曲：范巨卿敘述道統，並感嘆世道，無才的當官，有才的難進。 5.【金盞兒】【醉扶歸】（缺）：兄弟歡聚，互道誠信，後缺。 6. 缺。 7.【牧羊關】【隔尾】【牧羊關】（缺）：第五倫（原缺，故無腳色姓名，只知有個對話之人）以古人為例勸進巨卿，巨卿則一一加以反駁。 8.（缺）【哭皇天】【烏夜啼】：巨卿夢見元伯來道別，交待身後之事。 9.【二（應是「三」）煞】【二煞】【尾】：巨卿醒後向第五倫說明夢中之事，並說明二人之間的情誼，辭別第五倫前去奔喪。 10.【集賢賓】至【青歌兒】十一曲：巨卿趕到靈前哀弔祭奠，終於拽動靈車。 11.【醋葫蘆】至【尾】五曲：巨卿本欲墳前守靈，為眾人所勸阻，只得靈前弔唁一番，待來日絕早到墳頭。 12.【粉蝶（兒）】【醉春風】【紅綉鞋】：巨卿為元伯築室居喪，承諾得志後改葬，並照顧其家人。 13.【石榴花】【鬥鵪鶉】【上小樓】：第五倫奉命來為范巨卿加官賜賞，巨卿準備上朝面聖。 14.【（上小樓）么】至【快活三】六曲：回	總題「新刊死生交范張雞黍」。本劇所收之元代刊鈔本，缺漏不少，所見科白亦極少。除楔子外，其餘大約僅收正末夾白及少數簡單動作而已。而楔子亦有許多劇情不明朗之處，此表僅依原本所載加以記錄。

	朝途中遇見故人（應為孔仲山），論起為官之事，遙謝皇恩並訴說為官理想。	
	15.【鮑老兒】至【九煞】四曲：巨卿說明自己才不如元伯，又謙道自己不如仲山，藉此舉薦孔仲山。	
	16.【八煞】：應是巨卿在說明張元伯家人志節，討求朝廷安頓。	
	17.【七煞】至【二煞】六曲：巨卿感嘆世道，說明自己如為官必當有所作為，其間似有審王仲略的情節。	
	18.【尾聲】：巨卿為元伯求得封贈，最後讚揚丞相能調和鼎鼐，燮理陰陽。	
張鼎智勘魔合羅	1. 「正末同旦上云」：李德昌上場介紹自己一家三口及叔父李伯英及兄弟李文鐸，並提起將出門作生意。	總題「新刊關目張鼎智勘魔合羅」。
	2. 「旦云住」【賞花時】【么】：似為妻子（劉玉娘）對李德昌說起遭小叔調戲之事，李德昌要她好好照管家事，別閑煩惱。	正末科白與其他腳色科介，幾乎皆能清楚標示。
	3. 「二外一折」：似為李伯英告誡李文鐸勿打擾兄嫂之事。	
	4. 「正末擔砌末上云」…【點絳唇】至【醉扶歸】八曲：李德昌作買賣遇雨，至廟宇躲雨，全身濕透。	
	5. 「頭疼科」…【憶王孫】至【尾】四曲：李德昌覺感風寒，請賣貨郎高山幫寄信回家。	
	6. 「李文鐸上」「高山上見問科」「李文鐸云下」「高山下」：高山見李文鐸，向其問路，應亦提起李德昌病事，故李文鐸聞訊趕至廟中。	
	7. 「正末病重上云」…【醉花陰】至【四門子】五曲：李德昌廟中病重，身體極為不適，心中急盼家人速至。	
	8. 「李文鐸上」…【水仙子】至【尾】七曲：李文鐸至廟，藥死李德昌而後離去。	
	9. 「旦上云」「文鐸上云住」：李德昌妻與李文鐸對話，應是訴說李德昌事。	
	10.「王大上了」：王大可能是官員或差吏，	

上場大概是與李文鐸行賄官員有關。 11.「文鐸抱到官科」…「旦吃枷了」：李德昌妻與李文鐸見官，經過一番審問，劉玉娘被銬上枷鎖。 12.【集賢賓】至【醋葫蘆】四曲：張鼎來到，見劉玉娘帶枷垂淚，恐有冤屈，雖有關注，但起初不願多管閒事。 13.「旦告科」…「（正末）云：我官人行說了」：劉玉娘向張鼎申冤，張鼎答應稟報官人。 14.「見孤住」【金菊香】至【浪來里】三曲：張鼎向官人報告公務，簽押後出，忘了報告劉玉娘冤事，劉玉娘再告。 15.「回見孤說前事了」…【浪來里】：張鼎再入見官人，針對劉玉娘冤案向官人提出質疑。 16.「孤云下」【尾】：官人交付辦理，張鼎決將查明案情。 17.【子母調醉春風】：張鼎思索案情，懊惱自己強出頭。 18.「（正末）云：將劉玉娘過來」…【叫聲】至【（白鶴子）么】十曲：押劉玉娘銬打詢問案情。──回顧幫劉玉娘回憶當時情況，劉玉娘終於記起賣魔合羅者寄信之事。 19.「末云：取那魔合羅來」…【叫聲】至【蠻姑令】五曲：張鼎命人取來魔合羅，仔細端詳思索，終於在魔合羅底下看到高山二字。 20.「喚高山見了」…【快活三】至【三臺】四曲：命人帶來高山，一番審問，終於問出李文鐸之事，至此張鼎已大略可以猜想內情。 21.「正末云：只除恁的智將出來。請李文鐸去。」…【剔銀灯】【蔓青菜】：張鼎決定智勘此案，找李文鐸買藥，假裝此藥差點藥殺官人，欲捉李文鐸問罪。並假意獻計，要李文鐸將事情推給父親。	

	22.「李伯英上見云住」…【窮河西】至【道和】三曲：命人帶來李伯英，騙他李文鐸道他合毒藥害死李德昌，並使計讓李文鐸親口道出，逼李伯英道出實情，案情至此大白。 23.【尾】：張鼎感嘆善惡到頭終有報，警惕世人切勿昧心欺天。	
醉思鄉 王粲登樓	1.「蔡邕一折了」：應是自報家門，並論及王粲之事。 2.「正末同卜兒上」…【賞花時】：王粲母子談起丞相寄書來，要王粲進京求取富貴，王粲準備起程。 3. 駕一折了。 4.「蔡邕上開住」「子建上坐定」「外飲酒住」：應是兩人商議王粲之事。 5.「末上小二推上」…【點絳唇】至【天下樂】四曲：王粲為店小二所看輕推趕，自道是蔡丞相親眷，而且有才有志，不會一直受窮。 6.「末云」…「做不忿出」：王粲與蔡丞相、曹子建見面，為蔡相所輕慢，王粲引古人例子反擊，道自己有朝一日終能得志，氣憤而出。 7.「子建上云了」…【金盞兒】至【尾聲】三曲：子建追出，王粲一吐怨氣，子建賜予黃金鞍馬薦書，建議王粲前往荊州。 8.「二淨（應指蒯越、蔡瑁）一折」 9.「荊王上云住」 10.「正末背劍上云」…【端正好】【滾綉球】：王粲路上生病，賣了鞍馬，使盡盤纏，終於捱到荊州。 11.「提到門首見外了」…【倘秀才】至【呆骨朵】三曲：王粲謁見荊王，荊王問起為何有才而不遇，是否胸次過高，王粲為己申辯。 12.「二淨上見了」…【倘秀才】【滾綉球】：荊王使二位臣子見王粲，王粲為不讓人小看，故做輕傲，誇說自己各方面的才能。	此本為何煌就李開先鈔本校脈望館藏古名家本，李開先鈔本並未流傳下來，故鄭騫據此還原之鈔本，並不能完全視未原本樣貌。如原本總題未校，故不見如諸元刊本雜劇之總題名稱。但據何煌校訂或所鈔寫的內容而言，其內容應屬於正末科白與其他腳色科介較齊全的關目本。

13.【尾聲】：王粲應是不受重用而去，誓言 得志時再回來處置跋扈的蒯越和蔡瑁。 14.【粉蝶兒】【醉春風】：王粲流落飄零， 嘆荊王信讒言，自己不為所用。 15.「外見了」…【迎仙客】至【堯民歌】十 一曲：王粲客中登樓，對景抒情，感嘆不 遇，羞歸故里，借酒澆愁。 16.「外上開□□了」…【哨遍】至【尾聲】 六曲：有召來宣，王粲胸懷理想，準備上 朝為官。 17.「駕一折」 18.「子建上云住」…【新水令】【駐馬聽】： 王粲任元帥，子建上門道喜。 19.「太保送宣上」…【雁兒落】至【折桂令】 四曲：太保送皇帝宣詔，王粲謝恩。子建 把盞問了。（以王粲所唱【雁兒落】四曲 內容看來，子建應是問王粲這段時間的經 歷。） 20.「外云了」【喬牌兒】【川撥棹】：蔡相 來到，王粲原本十分忿怒，後來誤會冰 釋，二人言歸於好。 21.【七弟兄】【梅花酒】【收江南】：王粲 得意高歌志向，歡喜謝恩。 22.「卜兒引旦兒上云了」「謝外」【鴛鴦煞】： 王粲之母引旦兒（應是蔡相之女，王粲未 婚妻）眾人團圓，並向子建道謝。	

以上乃依照元代刊鈔本現存可見的曲文、賓白及科介的
狀況，所梳理出來的情節概要，謹此羅列，以明元代刊鈔本
之情節發展輪廓，並提供可與明代宮廷本及《元曲選》情節
發展比對參照之基礎。

第二節　明代宮廷本情節發展之
重整與改訂

　　元代刊鈔本原無楔子與折的分別，折與折之間亦未有明顯的分判，只能從曲牌上略見其大要，所在首曲之前及尾曲之後的情節歸屬，經常與宮廷本不同，不可據此言其差異。故此節除開元代刊鈔本與明代宮廷本折與折之間的場次差異不論，僅論其情節發展之軸線上，所發生之內容異動問題。

一、增加與補充缺漏的情節

　　目前所見明代宮廷本中，相對於元代刊鈔本而言，情節有所增添之處，並不完全是明代宮廷本的改編者，在原著的情節之外，以己意另行增入的情節，而其對照於元代刊鈔本所多出來的情節內容，也有可能是原著已有的情節，但由於元代刊鈔本刊刻之簡陋，因而無從得見的內容。關於明代宮廷本所增補的情節，一一整理如【附錄一】，謹供參考。

　　由此表可見，宮廷本的情節段落，相較於元代刊鈔本之刊刻記錄，明顯增加了不少。這些場景，有些是為了配合改編的需要而增加，有些可能是原著本有而為元代刊鈔本省略或遺漏，還有一些則可能是為了豐富演出內涵與符合表演程式而增入的情節。

　　宮廷本中有些增補的內容，在原著的情節線中，是不可能會有的，明顯是編者為配合改動而增加。如《楚昭公疏者下船》一劇第三折中，龍神領命等待救援下水者，及楚夫人與公子被龍神救起後相遇，埋怨楚昭王等情節，在原著中楚昭王之妻兒在落水後「身死在波光內，名標在書傳裡」[6]，沒有復活的情節，故而不可能有龍神出現，更不會活著埋怨楚昭王。所以此一多出的情節，顯然是配合改編而增入。

　　另外則有一些宮廷本增加的情節，以其內容推想，原著中應該不可或缺，只是元代刊鈔本簡省或遺漏了。如《張孔目智勘魔合羅》一劇第二折中，宮廷本增加了高山找到劉玉娘，經過一番小爭執後，識認彼此，故轉知李德昌染病之事，並送與其子佛留兒一個魔合羅，待高山完成任務離去後，劉玉娘方才起程尋找李德昌之情節。這一段情節在現存的元代刊鈔本中，因為缺少相關的科白提示及唱段，以致完全不見存在的痕跡。但仔細審視此一情節，實為本劇中重要的埋伏片段，缺少了這一場戲，則張鼎循線追查的魔合羅將無由出現，劉玉娘憶往答訊的內容亦無從呼應。而且元刊本末折亦存有張鼎與玉娘之間有一段對話：

　　　　（云）玉娘，你既（應為「記」）得那寄信的末？（旦云住）【么】那廝身材長共短肌骨瘦和肥。他是面皮黑面皮黃，有髭髯無髭髯。（旦云住）（初編十三，頁數不明）

　　這一段二人討論高山的問答，恰說明了玉娘是曾經見過

---

6 《楚昭王疏者下船》劇末【落梅風】一曲（初編十二，頁數不明）。

高山的。以整個情節脈絡而言，故筆者以為，這段重要情節，不論舞台如何精簡，都應該有所交待。所以此一情節的缺少，極有可能是元代刊鈔本刊刻的疏漏，而幸為宮廷本所保留的重要內容。

還有一類宮廷本所增補的情節，在元代刊鈔本中不見描繪，其內容所述情事不一定為必要，但增入之後，或可符合演出慣例，或可增添舞台趣味、豐富情節內涵，這些內容極有可能是明代伶工為迎合觀眾的心態或興趣，而另行增入的情節。

如某些人物的上場自報家門，並作某種程度上的情節預告或重述。這類的情節，在元代刊鈔本中通常以「開」字表述，如《泰華山陳摶高臥》的「正末道扮上開」，《看錢奴買冤家債主》的「淨扮賈弘義上開」、「聖帝一行上開了」、「正末披秉扮增福神上開」、「正末藍扮同旦兒俫兒上開」、「正末又扮庄老上開」、「正末卜兒上開」，《相國寺公孫汗衫記》的「正末扮員外引卜兒外本外旦上開」、「等長老上開住」、「等外淨扮邦老趙興孫上場開住」等。但有時候劇中人上場說話，雖元代刊鈔本未標示「開」字，然推估其內容亦應有自我介紹與陳述情節的作用，如《泰華山陳摶高臥》一開場有「外云了」的提示，應即是趙匡胤（包含鄭恩）上場自報家門及說明來意等內容；又有如《張鼎智勘魔合羅》一開場的「正末同旦上云」，其內容亦為李德昌上場介紹自己一家三口及叔父李伯英及兄弟李文鐸，並提起將出門作生意。可見這種戲劇表演的程式，在元代演出時已便有存在的跡象。

　　在宮廷本所增補的情節中，有不少是屬於這種程式。這些內容有些可能是原有而刊刻缺漏的，如《西華山陳摶高臥》第三、四折開場處，各增入「駕上」與「鄭恩上」的表演，分別演出「駕上說明前事，並欲賜道號鶴氅金冠玉圭。」及「鄭恩上說明前事，並安排美女侍候。」（請參見【附錄一】）等情節；有的則可能是宮廷本依此作法所增加的，如《看錢奴買冤家債主》一劇，明代宮廷本楔子較元刊本所多出一段「周榮祖上場言家世，道父母生時拆毀佛堂不行善事，至有今日。並帶著妻兒上京應舉，將祖財埋在後牆下」之情節，由於元刊本此劇科白載錄相對的詳細，故此段之缺無，極可能為原本情節所無，乃明初編者所增入。這種令人物上場自報家門，並預示或重述情節的增補內容，在宮廷本中，屢見不鮮，甚至已成慣例。

　　另有一類情節，在元代刊鈔本中亦未見使用慣例，僅偶而出現在某些劇作之後，那便是以某人之總結情節、宣唸賞罰，以收束全劇的作法。在元代刊鈔本三十一種之中，概有如下數種有所記錄：

　　　「使命上封外末了、孤云了」——《閨怨佳人拜月亭》

　　　「駕斷出」——《好酒趙元遇上皇》、《諸葛亮博望燒屯》

　　　「駕封王了」——《漢高皇濯足氣英布》

　　　「駕云了」——《晉文公火燒介子推》

　　　「等地藏王隊子上、斷出了」——《地藏王證東窗事犯》

　　　「駕上云」——《蕭何月夜追韓信》

　　但這種內容卻普遍出現在多數的宮廷本的劇末，成為一種固定的演出程式。[7]在本文所探討的七個劇目中，便有如：《楚昭公疎者下船》以秦昭公誦唸全劇大意及周天子對楚國君臣的封賞；《看錢奴買冤家債主》以陳德甫、靈派侯誦唸詩語總結全劇，警醒世人；《相國寺公孫汗衫記》令府尹上場，奉聖命下斷，賜死陳虎；《死生交范張雞黍》以第五倫誦唸聖命、賞善罰惡總結全劇；《張孔目智勘魔合羅》則有府尹誦唸判詞，賞善罰惡：《醉思鄉王粲登樓》則有曹子建誦唸詩語作結等增出的記錄，可見其使用之頻繁。

　　而有些情節，不一定為必要，元代刊鈔本僅偶一為之，記錄甚少，但在宮廷本則頻繁的演述，一再強調。如《看錢奴買冤家債主》中，宮廷本曾多次於科白之中，刻意表現賈仁的吝嗇之狀，除了收養長壽過程所顯露的苛刻言行可能為原著本有之外，宮廷本中又增補了陳德甫口述賈仁一文不使，及事成之後連一杯謝酒也不捨的情狀，更在賈仁與長壽父子間對話當中，用近乎誇張的方式，呈現賈仁吝嗇行徑之極致，這些對話及動作，不難想見的，在舞台演出時必然引來哄堂大笑，極富戲劇效果。又如在《相國寺公孫汗衫記》中，幾次讓張孝友講出「眼裏偏識這等（陳虎）好人」，甚至是在被害落水之際（第三折），及最後家人團圓、陳虎落網之時（第四折），讓人覺得迂腐又好笑。這些內容逗弄嘲諷的寫意作用大於描繪生活的寫實作用，其追求舞台效果的

7　請參見拙著〈明代宮廷本元雜劇之劇末韻白研究〉，《銘傳大學 2013 年中國文學之學理與應用國際學術研討會論文集》，2013 年，銘傳大學應用中國文學系（所）編印，頁 171-196。

目的十分明顯。

二、刪減與改編原有的情節

　　將宮廷本雜劇對照於元代刊鈔本，發現元雜劇的情節內容，遭到不少刪減或異動。其中有些可能是在演出過程中，慢慢被有意無意的減省或調整，輾轉流傳下來，演變成不同面貌，以致所依據之版本便有先決條件上的差異；但不可諱言的，在刪改的內容當中，也有不少是經過明代御戲監刻意的修改，其中或多或少的反映出元明兩代對於情節的不同意見，或適應於不同演出環境所作的必要調整。由這些刪改情節的內容，更容易看出明代宮廷本編者對於情節變易的主動性，進而瞭解其改編情節的觀念，亦可為上述增補情節之對照，掌握宮廷本改編情節之興味。

　　在宮廷本所有的改編之中，內容與元代刊鈔本差異最多的，應屬《楚昭王疎者下船》一劇，其內容差距之大，甚至被認為可以視為明代重新編寫的一個劇本。如嚴敦易論道：

> 《元曲選》本 —— 以及同樣的其他『楚昭公』本 —— 卻不甚像是他的改本，檢（應作「簡」）直可以說是襲用了他的原名，並抄選了極少的曲文，另行重新製作的一本另外的雜劇。……他們實際是兩棵各自生長的莖幹，儘管其扶疏的枝葉，極其相仿。[8]

　　又道：

8　嚴敦易，〈疏者下船〉，《元劇斟疑》，上海：中華書局，1960 年，頁 388。

《元曲選》本，以及和他差不多的《楚昭公疎者下船》，
恐不祇是一種潤改的本子，他甚至竟是襲用了原名的
另一雜劇撰作。……嚴格地講，認做是改訂本，重編
本，或『別本』，都覺不免牽強；最合適的說法，是
同名另撰的一本雜劇，但其間剽竊了鄭作的若干曲
文，以及重複抒寫了主要的情節罷了。[9]

嚴氏以為，此劇差異之大，已非「改訂本、重編本、『別
本』」可釋，實可以直接認作另一本雜劇撰作，不應再列於
鄭廷玉名下。而其中情節的改編，最被廣為討論的則有兩處：
一是將吳國攻楚的理由，改為兩國的寶劍之爭；二是將原著
楚昭王妻兒下船而死的內容，改為被龍神所救，形成最後大
團圓的結局。

所以，在本劇一開始，便把原本楚昭王與其弟談論伍子
胥復仇之事，改成吳姬光與孫武子、伍子胥、太宰嚭等臣談
論失劍攻楚之事，將二國爭戰的重點，由伍子胥之復仇轉化
成吳國之失劍，連帶將原本楚昭王與其弟談論伍子胥復仇之
事的內容，改為二人談論此劍何等珍貴的內容。另外，又為
了最後大團圓的結局，將楚昭王妻兒下船投江而死的情節，
改成二人為龍神所救，而後流落叫化三年，最後終於在國家
安定後，歸國團圓接受賜賞等情節。

這些情節的改編，多半與明代的戲劇環境有所關連。其
中為失劍而戰的情節，最早見於東漢趙曄的《吳越春秋》一
書，[10]而且此事流傳甚廣，到清代的《東周列國志》中，仍

9　同前註，頁 395。
10　其中錄有：「闔閭聞楚得湛盧之劍，因斯發怒，遂使孫武、伍胥、白

為採錄。這種採用民間傳說入戲的作法，不但套用便利，通常也可以得到廣大群眾的支持與認同，頗為明代伶工所習用。而將二人下船投江而死的情節，改為被龍神所救，最後得由秦昭公唸誦周天子聖命，為楚昭公一家加官賜賞的大團圓結局，也正好符合了明代喜歡熱鬧團圓的觀劇心態，對於改編者而言，依例套用，亦是最為方便的改編模式。雖然這些改編曾經招致不少負面評價，但究其原始，實與兩代不同的演出背景及觀賞美學息息相關，不宜責之過甚。[11]

　　另外，在元代刊鈔本《泰華山陳摶高臥》第二折中，有使者向陳摶請教修道之事，陳摶略加開示，並道自己無法為官之情節。到了明代宮廷本此折中，陳摶卻改答道：「神仙荒唐之事，若非將軍所宜問也。」（初編四，頁 8）進而鼓勵使者既已遭遇明主，可求拜將封侯，為生民造福，不必遁世潛修。這種轉變，鄭騫推論可能是明初御戲監中人所改，理由應是：

> 因明太祖成祖父子，皆深惡士人之高臥山林不為所
> 用，同時，二祖又皆喜觀劇，東籬此劇，隱居傲世之
> 意識甚為濃厚，御戲監中人恐上演時觸皇帝忌諱，故

喜伐楚。」漢·趙曄著，《吳越春秋·闔閭內傳第四》（臺北：世界書局，1979 年影印景明弘治覆元大德本），「闔閭三年」，頁 101。

11 關於宮廷本此劇的改編，筆者曾詳論於〈《楚昭王疏者下船》之版本異文研究〉一文之中。筆者在文中曾表示：「元刊本直以子胥事開啟兩國戰端，雖然強調了子胥的復仇精神，但卻未必能為人廣泛接受，因為若言吳王會為了遠來投誠、非親非故的伍子胥報一家之仇而攻楚，未免令人難以致信。故而，此說雖涉無稽，卻能安撫觀眾的心理，可以沒有掛礙的往下觀賞。」（《興大人文學報》第五十二期，頁226-228。）關於其它詳細內容，請參見附錄。

改作此段曲白以為回護。[12]

此一推論的可能性極高，為了配合明代宮廷的演出環境，改編者確實煞費苦心。而且其改編內容還巧妙的吻合《宋史》的記錄，也未偏離原著創造此一人物的精神形象，堪稱改編之佳者。[13]

在明代宮廷本與元代刊鈔本的情節差異中，也有一類情節變更對於故事發展或思想意義而言，並沒有一定的需求，但觀其改編之處，可以想見其目的應在強化舞台效果，讓原本的內容，更容易感染給台下的觀眾。

如在《看錢奴買冤家債主》一劇中，元刊本父子相見的場景中有一段如此演述：

〔（正末）云〕兒呵，知他你在那裡？〔小末打噴嚏了〕（初編十二，頁數不明）

示意親生父子之間冥冥中彼此感知，這一段內容到宮廷本便擴張成：

---

12 鄭騫著，〈元雜劇異本比較〉第一組，《國立編譯館館刊》第 2 卷第 2 期（1973 年 9 月），頁 1-45。

13 關於此一情節改編的分析，筆者〈《陳摶高臥》之版本保存及其異文研究〉一文曾引《宋史》記載：「琪等從容問曰：『先生得玄默修養之道，可以教人乎？』對曰：『摶山野之人，於時無用，亦不知神仙黃白之事，吐納養生之理，非有方術可傳。假令白日沖天，亦何益於世？今聖上龍顏秀異，有天人之表，博達古今，深究治亂，真有道仁聖之主也。正君臣協心同德、興化致治之秋，勤行修煉，無出於此。』琪等稱善，以其語白上。」說明宮廷本之改編正好與《宋史》所載相吻合。所以不論明本此曲之改編，是有心還是無意，都符合了原作的人物形象，也與歷史上所記載的陳摶大致無異，不因避諱而扭曲。（彰化師大《國文學誌》第二十八期，彰化師範大學國文學系，2014 年 6 月，頁 67-94）

〔小末做燒香科云〕天色明了也，燒香咱東嶽爺爺，
則的這俺父親母親身體安康咱！〔正末同卜兒打噴嚏
科云〕阿嚏！〔小末云〕則俺的父親無病無痛！〔正
末又打噴嚏科云〕阿嚏！〔小末云〕則願俺的父親無
災無難！〔正末又打噴嚏科云〕阿嚏！〔正本云〕婆
婆俺去燒香咱！〔卜兒云〕老的也，喒燒香去來！〔正
末云〕東嶽爺爺，則願的長壽兒無災無痛咱！〔卜末
做打噴嚏科云〕阿嚏！〔正末云〕則願俺的長壽兒無
災無難咱！〔小末做打噴嚏科云〕阿嚏！〔正末云〕
則願俺的長壽兒早早相見咱！〔小末做打噴嚏科云〕
阿嚏！（初編六，頁 25）

以內容意義而言，宮廷本中所表現的與元代刊鈔本無
別，但此處將兩人的感知彼此呼應，重複演述，形成了一種
趣味的舞台效果，也強化了父子之間的心有靈犀。

又如在《相國寺公孫汗衫記》中，元刊本中原有張孝友
被陳虎拐騙出外躲災，張文秀夫婦追出後，苦勸不回，要媳
婦拿出身邊攜帶的汗衫一件：

〔做拆開兩半了〕〔云〕媳婦兒，你將取一半，我收
著一半。〔做咬破小指衫兒上抹血科〕（初編十二，
頁數不明）

演出張文秀以自己的血抹在汗衫上，以做為將來彼此相
認的信物。這段內容，到了宮廷本時改成：

〔正末云〕這箇汗衫兒，婆婆你從那脊縫兒停停的拆
開者。〔卜兒云〕有隨身帶著的刀兒，我與你拆開了
也。〔正末云〕孩兒也，你兩口兒將著一半兒，俺兩

口兒留下這一半兒。孩兒每，你道我為甚麼？則怕您
兩口兒一年半載不回來呵，思想俺時見這半箇衫兒便
是見俺兩口兒一般，俺兩口兒有些頭疼額熱，思想你
時，見這半箇衫兒，便是見您兩口兒一般，孩兒你將
你手來。〔張孝友云〕兀的不是手！〔做咬科〕〔張
孝友云〕哎約，父親，你咬我這一口我不疼！〔正末
云〕你道甚麼里？〔張孝友云〕你咬我一口我不疼！
〔正末云〕你道我咬你這一口兒，你害疼呵，想著俺
兩口兒，從那水撲花兒裏攛舉的你成人長大，你今日
生各支的撇了俺去了呵，你道你疼呵，俺兩口兒更疼
哩！（初編五，頁 23-24）

　　這段改編則是笑中有淚，當觀眾看到張文秀拿起張孝友
的手咬下的時刻，不免莞爾一笑，但任聽到張文秀的道白時，
則又不免感到為人父母的心酸，並非純粹的取笑，能同時兼
顧舞台趣味及內容深意，可謂改編之佳者。

　　另外同劇劇末，還有將原本張孝友之子拿住陳虎，終於
惡人得報的結局，改成在追趕之間，遇見了已然相認的祖父
母及父母等人，當母親要他認父的時候，有以下一段對白：

〔小末上見云〕母親這箇師父是誰？〔旦兒云〕則這
箇便是你的父親。〔小末云〕母親，你好喬也，丟了
一箇賊漢，可尋箇師父，母親，陳虎那裡去了？（初
編五，頁 50）

　　接著又下場去追拿陳虎。這段情節，以故事發展而言，
完全不必要，而且還有些不合常理，卻不難想像其演出的趣
味性，可見得其改編之用意。

　　綜合上述宮廷本增補與刪改情節之內容便可發現，除了因應時代而改編的內容之外，增補襲套或添加笑料的演出載錄，似乎是宮廷本與元代刊鈔本在情節表現上最主要的差異。宮廷本所增補刪改的情節，表現出一種講究冷熱調劑的舞台節奏，把握機會讓觀眾取樂，頗具有「娛樂大眾」的效果，也讓我們看到元雜劇之能為通俗文學的魅力。雖然這些情節不見得完全為元代刊鈔本所無，但明代宮廷本的出現，確實大大補足了元代刊鈔本情節不明的遺憾，也為後人保留不少元雜劇情節演出的套式，對於文化遺產的保存或文化創新的開發，皆提供了不少可用的資材。

第三節　《元曲選》情節發展之重整與改訂

　　關於《元曲選》之情節改編情況，筆者整理如【附錄二】，以供參考對照，亦便於本節之論述。

　　由表中可見，相較於明代宮廷本，《元曲選》在情節內容上的改寫並不多，有的話也多半只是一些微小的異動，鮮少大篇幅的更改。但若將這些微小異動加以整理分析，亦可以窺見改編者之情節觀念，有其個人特殊的見解。

　　透過與明代宮廷本情節之比較歸納，發現臧懋循所表現出來的情節觀，最主要有兩個方向：一是要求情節的合理化；二是改編類型化及重複的情節。以下分別說明之：

一、要求情節的合理化

雖然《元曲選》在情節內容的改編上，多由小處著手，但綜合其中眾多微小的更動加以觀察，不難發現臧懋循十分重視情節的合理性。

如在《相國寺公孫汗衫記》第三折中，在宮廷本中，張文秀見到汗衫之後恍然大悟，意會到站在眼前的這個人，極可能是他的孫子，於是問道：

〔正末云〕……相公，您父親莫不是陳虎麼？〔小末云〕誰將俺父親名姓叫？〔正末云〕您母親莫不是李玉娥麼？〔小末云〕您母親莫不是李玉娥麼？〔小末云〕這老的，我母親的胎諱怎生叫？（初編五，頁 41）

這段情節發展的不太合乎情理。因為此時張文秀並不知道張孝友已經被陳虎害死了，更不知道李玉娥隨順了陳虎，或許此時在他的心中已有懷疑，但這樣的問話仍然顯得太過唐突。於是《元曲選》將此段改為：

〔正末云〕……官人曾認的個陳虎麼？〔小末云〕誰將俺父親的名姓叫？〔正末云〕你還認的個李玉娥麼？〔小末云〕這是我母親的胎諱。你怎生知道？（冊一，頁 11）

這樣的情節發展，方才順理成章，按部就班，情節的跳躍幅度不至於太大。還有同劇之中，在第四折處有陳豹回家問明究竟的情節，宮廷本如此演述：

〔小末云〕那兩口兒老的隨後來也，母親，他和喒是

> 甚麼親眷？〔旦兒云〕孩兒，你休問，他和喒是老親。
> 〔小末云〕母親不說呵，我就這裡押衣服的刀子覓箇
> 死處。〔旦兒云〕孩兒，我說，你則休煩惱！（初編
> 五，頁43）

只是問明關係，便以死要脅，似乎太過。故《元曲選》改為：

> 〔小末云〕那兩口兒老的，孩兒尋見了，隨後便來也。
> 母親，他和咱是什麼親眷？〔旦兒云〕孩兒，你休問
> 他，他和咱是老親。〔小末云〕便是老親，也有近的，
> 也有遠的；母親怎葫蘆提只說老親，不說一個明白與
> 孩兒知道？〔旦兒云〕孩兒，我說則說，你休煩惱。
> （冊一，頁12）

如此一改，也許舞台的衝突性減少了，但這樣的問話與情緒，方才恰到好處，不至於太過激烈，不合常理。而接下來的改編，可能便比較富爭議。當李玉娥對陳豹說明真相，陳豹表明欲前往窩弓峪尋找陳虎報仇離去之後，李玉娥便說道：

> 孩兒去拿陳虎報讎，妾身不敢久停，直至窩弓峪看孩
> 兒走一遭去。（下）（初編五，頁44）

李玉娥此時欲前往窩弓峪看孩兒捉拿陳虎的情況，表明了做母親的關心，實屬正常，但她再次出現的時候，卻是在金沙院中：

> 〔旦兒上云〕來到也！〔見正末科，旦兒云〕兀的不
> 是父親母親！〔正末云〕兀的不是媳婦兒！〔卜兒云〕
> 哎約，媳婦兒也！〔張孝友〕這箇是誰？〔卜兒云〕
> 則這箇便是你媳婦兒。〔張孝友云〕我那大嫂也！（初

編五，頁 50）

　　說要到窩弓峪看孩兒，卻走到金沙院裏，而且語氣中彷彿早就視金沙院為目的了。故而此處觀眾只能說服自己，也許金沙院是在窩弓峪的必經之途上，而這中間的過程，委實需要一點想像與自我聯結，劇情發展並不是十分順暢。正或許臧懋循看到了這一點瑕疵，因而將之改為：

> 孩兒拿陳虎去了。我聽的說金沙院廣做道場，超度亡魂，我也到那里去搭一分齋，追薦我亡夫張孝友去來。
> （冊一，頁 12）

故當李玉娥再次出場說道：

> 〔旦兒上云〕來到此間，正是金沙院了。進院去，追薦我亡夫張孝友咱！（冊一，頁 14）

便不覺得唐突，彌合了以上情節的缺失。然而，這個改編卻未必較宮廷本高明，因為《元曲選》如此一改，李玉娥到達的目的地雖與原先想去的地方一致，在這裏遇到張員外夫婦也很合理，但讓人心裏不免有所疙瘩的是，李玉娥竟然十分放心讓孩子去尋陳虎報仇，心中沒有掛念的只道要去追薦張孝友，就一個母親而言，不免有失慈愛，情感之發抒亦不順暢。臧懋循挖東牆補西牆的情節彌縫之法，仍令人感覺有所缺憾。

　　其他還有如《死生交范張雞黍》第二折中，宮廷本原有：

> 〔張元伯云〕……小生張元伯，自從與哥哥相別之後，卻早一載，其間小生因思想哥哥，染起疾病，不能動止，我這病覷天遠入地近，眼見的無那活的人也。（二編二，頁 11）

　　雖說此劇強調范張二人友誼，但若說張元伯因為思念范巨卿而至於一病不起的景況，仍讓人覺得過於誇張，況且二人來年尚有雞黍之約，[14]皆屬信人之范張，後會有期，何至於此。故《元曲選》此處改作：

　　〔元伯云〕小生張元伯，自從與哥哥相別之後，未經一載，不料染起疾病，百般醫藥，不能療理。（冊三，頁5）

　　只道身染重病，不特別強調此病因思念而起，於情於理，應是比較合乎預期的演述方式。

　　除了人之常情外，在臧懋循要求情節之合理的面向上，也相當程度的反應了他個人的思想。究竟什麼樣的情節是合理的，或是一定要動手調整的，這便涉及了臧懋循個人觀念的講究了。

　　在《楚昭公疏者下船》一劇中，臧懋循多次調整了楚昭公與其他人之間的互動關係，而細審這些改編的內涵，似乎都指向了一種思想，即「重視君臣之禮」。如宮廷本第二折下場前，芈旋眼見費無忌兵敗，因道：「哥哥，走走走，不想吳兵殺敗了費無忌，似此怎了也？」（初編六，頁14）顯得慌亂而無主張。而臧選則將芈旋的道白改為：「哥哥，俺家兵大敗了，我保著你走了罷！」（冊一，頁5）改編後的芈旋，在慌亂之際尚能顧及君臣之禮。

　　同樣的情況，也發生在楚昭公與妻子之間。在宮廷本第

---

14 第一折：「〔元伯云〕哥哥今年已過，到來年九月十五日，您兄弟到哥哥宅上赴雞黍會來。〔正末云〕兄弟，你若來時，休到山陽至荊州廓外尋問我來。」（二編二，頁11）

三折中，夫人與公子落水為龍神救起之後，當夫人知道楚昭公竟令親兒下水之時，不禁怨道：「昭公，你好下的也，當初是你自家不是了，為一口劍打什麼不緊，惹起這場事來，我領著孩兒，不問那裡尋將去也。」（初編六，頁24）接著二人則「叫化三年」（頁32），實為悽慘。而臧選則刪去這段情節，楚夫人對昭公的埋怨之語，亦無從所出，連帶將母子二人「叫化三年」的陳述，改為「投到一個人家，做申屠氏，見說是楚昭公的夫人，將我十分供養。」（冊一，頁10）以此淡化母子二人落水的悲哀，也不令夫人對昭公有太多怨懟的理由，而傷及君臣之禮。

　　還有第三折中，當梢公不願渡楚昭公四人過江之時，芈旋表明身分，並以日後的封賞誘之，宮廷本梢公此時的反應是：「我和你說，一者我是您幾個的護身符，二者我是你幾個的掌命司，上船上船！……我說不載不載，您強扒上船來，偌遠的江面，幾時到的那岸邊也。」（初編六，頁18）似乎對於渡昭公四人過江，仍顯的勉強而並非十分情願。但臧選中當梢公聽到是昭公等人，便改口道：「你可不早說。既是楚昭公，我須是管下的百姓，便是船小，也只得載將過去，上船上船！……仔細，船兒小，可都坐定了。你看偌遠的江面，幾時擺得到那岸邊，才放心也。」（冊一，頁6）語氣態度完全不同，雖亦耽憂無法平安渡江，但顯然十分尊重楚昭公。

　　這三處情節的改編，皆有可能使原本自然情感的流露遭到抹滅，而將情感安撫的太過平淡，未必能得到認同。但此類的情節改編，屢屢出現在《元曲選》的其它劇目之中，顯

然已是臧懋循重要的情節關照點之一。

另外，如在《醉思鄉王粲登樓》一劇第三折，宮廷本原有：

> 〔使〕小官天朝來的使命，宣王仲宣為天下兵馬大元帥，快報伏去！（二編一，頁26）

而《元曲選》則改為：

> 吾乃天朝使命是也。今有王仲宣獻上萬言長策，聖人見喜，宣他為天下兵馬大元帥，兼管左丞相事。（冊二，頁10）

特地加上「兼管左丞相事」，顯得別有用心。如對照第一折的情節：

> 〔末〕你休笑我屠龍的王粲。雖是今日之貧，安知無他日之榮。有一日官高極品，位至三公，食前方丈，祿享千鍾，武夫前擁，錦衣後隨。學士恕罪了！〔曹〕賢士穩登前路！〔末〕你看我錦衣含笑入您長安。（下）（二編一，頁10）

王粲在此處誇下海口，要「官高極品，位至三公」，讓蔡邕另眼相看，但在宮廷本中，王粲雖然得了天下兵馬大元帥的官職，但地位並未超越蔡邕，劇末王粲傲慢的態度，不免讓人感覺浮誇不實。故而此處《元曲選》將王粲的名位，加上了「兼管左丞相事」，才足以吻合前面的陳述，也才可以與「官拜左丞相之職」（冊二，頁2）的蔡邕在官階上可以比並，有了足堪傲對蔡相的本錢。否則如依宮廷本所封，在名位上猶顯不足的王粲，其傲慢的自信將從何而來。

而注重禮教名位的臧懋循，也常藉戲強調善惡報應的教

化意義。他在《看錢奴賣冤家債主》一劇中，也改編了宮廷本如下的情節：

〔正末云〕孩兒也，你依著我者，陳德甫，二十年前你齎發了兩貫錢，我今還你兩箇銀子。賣酒的，二十年前，我喫了你三盃酒，今日還你一箇銀子，將這其餘的，都散與那貧難無倚的。可是為何？這二十年，我罵的那財主每多了也。（初編六，頁30）

將它擴大成：

〔正末云〕孩兒，你依著我者！陳德甫先生二十年前曾為你齎發俺兩貫鈔，俺如今將這兩個銀子謝他。〔陳德甫云〕我則是兩貫鈔，怎好換你兩個銀子。那賈老員外一生愛錢，也不曾賺得這等厚利。這個老夫決不敢當。〔正末唱〕【天淨紗】若不是陳先生肯把恩施，俺周榮祖爭些兒雪里停屍。則這兩貫鈔俺念茲在茲，常恐怕報不得你故人之賜。又何須苦苦推辭。〔陳德甫云〕多謝了，老員外。〔正末云〕賣酒的哥哥，我當日吃了你三鍾酒，如今還你這一個銀子。〔店小二云〕這個小子也不敢受。〔正末唱〕【禿廝兒】論你個小本錢茶坊酒肆，有甚麼大度量仗義輕施，你也則可憐俺飢寒窮路不自支。如今這銀一個，酬謝你酒三卮，也見俺的情私。〔店小二云〕這等，小子收了，多謝老員外。〔正末云〕孩兒，這多餘的銀子，你與我都散與那貧難無倚的。可是為何？這二十年來，俺罵的那財主每多了也。〔唱〕【聖藥王】為甚麼罵這廝、罵那廝，他道俺貧兒到底做貧兒；又誰知此一時、

　　彼一時。這家私原是俺家私，相對喜孜孜。（冊四，
　　頁 15）

　　這段情節，將善有善報的意義，加強演繹，富有渲染力，
又闡述了對錢財的體悟，充滿教化的意味。

　　由此可見，臧懋循非常在意戲劇情節的合理性，這裏面
也包含了他個人在乎禮教名位，重視善惡報應，藉戲教化的
用意十分明顯。

二、改編類型化及重複的情節

　　元雜劇情節的類型化，是經常被提起的論題。而這種情
節類型化的情況，在元代刊鈔本中由於科白的簡省，並不是
很明顯，不過也已有跡可循。但如果要真正歸納探討，仍是
以明代宮廷本中所記錄的元雜劇情節，最值得注意。這種情
況，我們在上一節的討論中，已大略涉及，不少宮廷本所增
補或改編的材料，皆是著眼於此。

　　但這種改編的策略，到了《元曲選》，卻是反其道而行。
臧懋循將宮廷本中類型化的情節，加工處理，使得情節顯得
稍有變化，盡量減少重複且不合乎實際的情節套式。如《楚
昭公疏者下船》一劇，宮廷本在全劇末了楚昭公一家團圓之
際，突然請出了秦昭公，上云：

　　某乃秦昭公是也，奉大周主人之命，前往楚國加官賜
　　賞走一遭去。……楚公子您一家兒望闕跪者聽聖人的
　　命：則為那湛盧劍飛入楚地，伍子胥雪恨懷仇。楚昭
　　公合家避難，魚船小風浪難收。妻共子疏者下水，兄

　　與弟至親在舟。申包胥入秦求救，七晝夜兩淚澆流。
　　秦亭驛一朝哭倒，統雄兵為此因由。加你為上卿之職，
　　郢川定百姓歌謳。今日箇加官賜賞，一齊的拜謝尊周。
　　（初編六，頁 35）

　　這種最後請出位尊者誦念皇命或斷語，說明劇情大意及賞善罰惡的結果，以做為終場之完美儀式。因為在宣唸此詩語之時，幾乎是全體重要演員齊聚舞台之上，而且主要演員幾乎都是聽判之人，故而一旦宣唸完畢，主要演員便可領軍拜謝，正巧可以酬謝提供演出的王公貴族，有助於合宜的收束全場。這種演出模式，在元代刊鈔本中似乎已有雛型，但真正變成一種演出情節襲套的，應該是在明代宮廷本的階段。

　　這種演出方式，不論是在用語上及表演上，都形成一種固定的態勢，非常便於套用，有時也成為明代宮廷末了匆促草率完結的最佳彌縫。但面對宮廷本的結局處理，臧懋循每每有不同的見解，多次在結尾處增加筆墨。[15]除了增曲之外，有時在情節上也做了適度的調整，《楚昭公疏者下船》一劇的結尾，便是其中一例。

---

15 鄭騫先生曾道：「元劇第四折常有「草草終場」情形，臧選遇此等處，多為增益關目曲文以求周詳圓到。至於舊本之所以「草草」，究係原作如此，抑係上演時伶人偷減，則不意而知。」（〈元雜劇異本比較〉第五組，《國立編譯館館刊》第 5 卷第 2 期，1976 年 12 月，頁 3。）筆者曾對此加以研究，認為：「如果說這種草草終場的呈現，是明代伶人偷減的結果，那麼我們也許更有理由相信，劇末誦唸的韻白安排，是明代伶人增入的彌縫手法。……對於這種疑似為明人偷減的末折處理，臧選則通常增入曲牌，力求情節之周到，或曲文之酣暢。」（〈《元曲選》劇末韻白之改編研究〉，《經典研讀教學學術研討會論文集》，銘傳大學應用中文系（所）編印，2014 年 3 月，頁 298-324。）

　　《元曲選》此劇末折，同樣有楚昭公夫妻父子團圓的情節，但在此際請出的並非秦昭公，也沒有宣唸周天子的聖命，取而代之的是，百里奚奉秦昭公之命送金枝公主與楚昭公小公子為婚，並藉百里奚的好奇發問，讓楚昭公將當日情景重述一次，最後在喜慶的情況下，收束全劇。此一情節，雖然曾遭嚴敦易批評為：

> 像『臧本』除了『大團圓』之外，且又添上金枝公主的一節，真是畫蛇添足，惡劣之至，斷是『村學究』之所為，妄行竄附的。[16]

　　言下之意，對於《元曲選》的改編，頗不以為然。但其實嚴敦易是在未見明代宮廷本的情況之下，對臧選此一改編加以批評，其對照的情節，乃元代刊鈔本的悲劇結局，在他以為：

> 收局並不以『團圓』作結，這種手法，已相近於純正的悲劇了。這在元雜劇的排場結構中，不能不說是超脫的，出色的。《竇娥冤》倘能算是一本悲劇，《疏者下船》當要比他還覺有力而且沈重。[17]

　　可見嚴敦易對於元代刊鈔本《楚昭王疏者下船》的悲劇結局，評價甚高，因此相對的認為，《元曲選》中以秦國金枝公主與楚國小公子完婚的結局，實為「畫蛇添足，惡劣之至」。但如果將《元曲選》結局，對照脈本之沿用宮廷演劇以詩讚詞收束全劇的襲套，勉強端出名存實亡的周天子，給

---

16 嚴敦易著，〈疏者下船〉，《元劇斟疑》（上海：中華書局，1960年），頁395。

17 同前註，頁394。

予楚昭公一家封賞，做出令人頗感虛妄的喜慶假象，相較之下，《元曲選》的結局則未必不能勝。

另外，如前所述，《相國寺公孫汗衫記》一劇中，對於趙興孫這個角色的塑造，情節頗有套用水滸戲劇類型的傾向。不論是他一開始自道得罪經過：

> 孩兒徐州安山縣人氏，姓趙是趙興孫，因做買賣到長街市上，見一箇年紀小的打那年紀老的，我向前諫勸，他堅意不從，被我拽過那年紀小的來，則一拳打殺那年紀小的，我欲要走，被官軍捕盜拏住我到官，本該償命，多虧了那孔目哥哥救了我的性命，改做誤傷人命，脊杖了六十，送配沙門島去。（初編五，頁8）

這種情節，與水滸英雄得罪與獲救的過程頗多相似，如《大婦小婦還牢末》楔子有：

> （邦老扮李得上云）岩前虎瘦雄心在，男子身貧志未貧。某李得是也。這里也無人，某乃山兒李逵的便是，奉宋江哥哥的將令，差我下山來請劉唐、史進上梁山泊，我更改了名字為李得，不想打街市所過，見一個年紀小的，打那年紀老的，我心中不忿，將那年紀小的搬過來只一拳，誰想拳頭上沒眼，把他打死了。被巡捕官軍將我拿住，解在東平府內。今日大人要結斷，怎生是好！（做見科，正末云）李得，你來了也。（邦云）孔目哥哥，怎生可憐見！（正末云）李得，你本是致傷人命。我心裡見你英雄好漢，我好歹要救你，你心下如何？（邦云）哥哥若救了小人一命，生死難忘。（正末云）如今相公問你呵，你番了案者，改做

誤傷人命，不該死罪，你則依著我者。（邦云）多謝
了哥哥！（史云）兀那李得，你依著孔目哥哥的言語，
要救你性命里！（邦云）若是救了小人的性命，我今
生今世報答不的你，我轉生來世，做驢做馬報答孔目
哥哥。（邦見官跪科，官云）這個便是李得？（正末
云）這個便是。（官云）兀那李得，你怎生打死人來，
說你那根因。（邦云）大人可憐見！小人見長街市上
一個年紀小的打那年紀老的，小人路見不平，搬過那
小的來，則一拳打死了。那年紀小的素無讎隙，誤傷其
命，望大人可憐超生。（官云）這正是誤傷人命。免
他一死，杖脊八十，迭配沙門島去。（初編七，頁2）

趙興孫之得罪與獲救的過程，與李達的遭遇，雷同之處
頗多，可說是按梁山好漢的模式創作。故而當劇作末了趙興
孫的再次出現，也同樣是以「逼上梁山」的方式處理了：

（趙興孫上云）舊恨每懷無義漢，深情必報有恩人。
自家趙興孫的便是，自離了姑夫姑姑哥哥嫂嫂過，日
月好疾也，今經可早十八年光景也，我到於半路，一
枷稍打死解子，做了些不恰好的勾當，如今有些金珠
財寶，與我那大恩人報恩答義去。（初編五，頁44）

打死解子，落草為寇，不正也是水滸英雄們，不得不奔
向梁山時的最後結局嗎？這種寫作的方式，概以水滸類型為
之，基本上內容並沒有太大的變化。

但到了《元曲選》在趙興孫的遭遇上，則做了比較大的
調整。首先，他刪去了與張孝友認陳虎為兄弟類似的情節，
不再令張夫人認趙興孫為姪，將宮廷本中如下的情節：

〔卜兒云〕我恰纔樓下執料去見那箇披枷帶鎖的，我
向前問他，他原是路見不平致傷人命，迭配沙門島去
也，我問他姓甚麼，他原來也姓趙，不知道怎生，我
便有顧盼之心。我想來一般樹上，那裡有兩般花，五
百年前是一家，我如今有心認義他做箇姪兒，不曾對
員外說知。〔正末云〕好好好，做兒的認了箇兄弟，
做娘的也要認箇姪兒。……（冊一，頁 10）

　　原本張文秀讓妻子下樓觀看，以致有後來的認義。而《元
曲選》則改令張孝友下樓觀看，因而省卻重複的認義的情節。
最後，又讓趙興孫成了一個受到上司賞識「路見不平，拔刀
相助的義士」，且能因此機遇，屢次捕盜有功，加授巡檢之
職。不但符合臧懋循心中合宜的形象，而且跳脫了情節的襲
套，另作一番演繹。

　　另外，《元曲選》亦多處縮節了冗長且無益於劇情推展
的橋段，如《醉思鄉王粲登樓》一劇，在第三折之處，王粲
因失意來到了許達所建之樓，登樓思鄉，抒發懷想。宮廷本
此處多所發揮，演出了許達介紹此樓、談孝順、登樓所見所
賞、吟〈搗練歌〉，又以孔子之事相勸，並且各吟詩一首，
而王粲亦皆作詩以對。此處純粹抒情，繁瑣而冗長，故《元
曲選》中作了許多刪節的動作，如合併介紹此樓與登樓所見
所賞、縮減談孝及孔子等長論等，使抒情適可而止，不過於
浮濫。

　　又如《相國寺公孫汗衫記》第三折，一開始便有一段篇
幅不小的殺人奪妻之戲，是陳虎設計在船上殺害張孝友，並
逼迫張孝友之妻李玉娥隨順他的過程。這段戲宮廷本總共用

了四五百字的篇幅加以演述，重複表演陳虎兩次欲陷害張孝友、張孝友三次「眼裏偏識這等好人」之至死不悟的話語，及李玉娥與陳虎討價還價何時隨順的過程，內容冗長卻頗富趣味（初編五，頁 27），可以想見其表演的熱鬧之處。但這段情節，在《元曲選》中遭到大幅的刪節，僅作如下之情節概述：

> 〔邦老上云〕人無橫財不富，馬無野草不肥。我陳虎只因看上了李玉娥，將他丈夫攛在黃河里淹死了。那李玉娥要守了三年孝滿，方肯隨順我，我怎麼有的這般慢性？我道：「莫說三年，便三日也等不到。」他道：「你便等不得三年，也須等我分娩了，好隨順你。難道我耽著這般一個大肚子，你也還想別的勾當哩？」誰知天從人願，到的我家不上三日，就添了一個滿抱兒小廝。（冊一，頁 7）

其改編後的內容省卻了大段可供作表的情節，也連帶減少了原本趣味的內涵，但卻能在保留劇情大意的前提下，使故事推進更加流暢，刪改的結果有利有弊，仁智互見。此一改編動作，實反應了場上與案頭之劇本差異。

相較於宮廷本的編改，《元曲選》改易情節之處，並不算多，所修改的內容幅度也相對較小，但其動手修訂之處，經常由其情節觀所牽動，是觀察臧懋循戲劇理論的重要資料。以上兩點是他改筆中較為明顯之處，其他細微異動的地方僅在表格中羅列，以供對照查驗，暫不強意比附，且待日後有更進一步發現時，再加以歸納整理。

小　結

　　從元代刊鈔本、明代宮廷本與《元曲選》三個階段元雜劇情節的比較中，可以發現前兩個階段的內容差異，遠遠大於後兩個階段之間，但可以據以為實的改編內容，前者卻未必如後者之多。主要是由於元代刊鈔本的刊刻闕漏，沒去了不少情節內容，這些都增添了歸納結論上的困難。二者情節有無之間的差異，只能保守的推估為繁簡之間的差別，而無法據此以判斷其增入的彌縫之功或蛇足之弊。

　　雖然如此，但明代宮廷本中大量的類型化情節，不少為明代伶工增添的手法，也並非全然無跡可尋。這一點可由一些元代刊鈔本科白記錄較詳盡的劇本與明代宮廷本的比較中，約略可以審知一二，最明顯的便是人物登台的開場情節，與劇末宣唸劇情大意與賞善罰惡等內容，而間或有如水滸類型或民間傳說類型的套用，亦為同樣的情節思維模式。這些情節內容雖然不見得是明代宮廷本的創舉，在元代刊鈔本中已見表演跡象，但大量引用，使其成為慣例與襲套，則與明代宮廷所提供的演出環境，不無關係。由於這種習以為常的慣例，經常是不假思索的成套情節，其圓滿的舞台形式，經常能夠遮掩內容上不合理的瑕疵，在表演者與觀眾之間形成良好的默契，往往能夠在表演的當下，得到賓主盡歡的結果，最適於喜慶或宴會的場合，此應為其於明代宮廷本屢用不鮮的主要因素之一。

　　但這種類型化且重複的情節，到了《元曲選》卻成為刪

改的重點，尤其是當其內容事涉牽強不合理之時，更為編者動手修改的必要之處。這種情況，在《元曲選》中不少微小的改易內容上，一再出現，透露著編者臧懋循對此類情節的明顯意見。其中不少內容，在臧懋循的改編之後，顯得條分縷析，合理順暢，也可見編者個人想要傳達的理念，但其中卻也難免留下使舞台趣味驟減的改編遺憾，這當中的取抉重點，應在於場上與案頭之不同適應性內容。用於舞台搬演的版本，講究演出的當場效果，看似不合理的情節發展，卻可能給予演員展演技藝的空間，也符合觀眾的期待心理，依例扮演並未顯不妥。但以之為案頭文學欣賞，則不免慮及讀者停佇思索時，不僅對於不合情理或價值觀的劇情難以接受，對於一再重複出現的類型化情節也容易生厭，缺乏閱讀欲望。故而，要求劇情合理、文字通暢，及某種程度以上的情節新意，應該也是臧懋循在編纂一部合於案頭觀賞需求的刊物時，所當慮及的考量因素。

第二章　元雜劇三階段版本之人物形象差異

如前一章所述，除了情節發展之外，人物形象的塑造，是奠定一個劇作優劣成敗的另一項重要基礎。鮮明的人物形象塑造，往往成為劇作膾炙人口的主因，也是觀眾讀者回憶的重點。

本章討論元雜劇人物形象的改編，與上一章之情節發展其實是一而二、二而一的關係，情節透過人物得以發展，人物透過情節得以塑造。本文以獨立章節加以論述，實為放大觀察元雜劇不同階段的版本，對於人物形象的不同處理手法，藉此突顯三個階段的元雜劇，對於人物形象塑造的不同需求，以及其作者或編者，對於人物塑造的獨特觀點。

第一節　元代刊鈔本之人物形象概述

元代刊鈔本雜劇由於刊刻之簡陋，除了曲文是每一個劇本的必備要素，故而尚稱完整，猶可從中大約瞭解主唱腳色的心理與形象之外，其餘元素如賓白、科介等，則多有缺漏

或省略，實不利於觀察劇中人物的形象。

以賓白而言，元代刊鈔本僅記錄主唱腳色的賓白，其餘腳色幾乎甚少記載，而且就連主唱腳色的賓白，也並非皆能完整呈現，大多只是片段重點式的記錄，似有不少缺漏；有些更是毫無記錄，隻字不提，而這類沒有主唱賓白的劇本，多半亦無科介，為只錄唱詞的曲本，明顯缺漏。

以《張鼎智勘魔合羅》一劇為例，正末李德昌因雨而病倒廟中，巧遇高山亦來到廟中躲雨，因而央求高山去到家中，為其傳信，這一段情節，在元刊本中是這樣記錄的：

> （頭疼科）【憶王孫】鹿兒般撲撲撞胸脯，火塊似烘
> 烘燒肺腹，莫不是腥臊臭氣把神道觸，我轉思慮，這
> 病多半兒因風多半是雨。【金盞兒】淋的不心疎，聽
> 得便眉舒，不朗朗搖響蛇皮鼓。（高山上見了）我出
> 門覷覰，好出落快鋪謀，有拴頭鎖釵子。壓鬢骨頭梳，
> 有乞巧泥媳婦，消夜悶葫蘆。（云）賣貨郎哥哥，你
> 與我寄個信到家，交來接我咱。（外應了，云住）【後
> 庭花】安著一片新板沓，住一間高瓦屋，隔壁兒熟食
> 店，對門兒生藥鋪，怕不知處，則問李德昌絨鋪，俺
> 街坊都道與。【尾】是必記心懷，休疑慮，祝付了重
> 還祝付，自己擔疾難去家，或交他借馬尋驢，莫躊躕。
> 這裡又紙筆全無，你去何須要寫書，你個哥哥莫阻，
> 道與俺看家拙婦，交他早些兒扶策我這病身軀。（下）
> （高山下）（初編十三，頁數不明）

在這段記錄中，一開始正末唱【憶王孫】說明其身體不舒服的狀況，接著唱【金盞兒】曲文，應是表明其聽見有人

來的聲響，心中浮現希望，因而稍展眉頭。然後果真見到賣貨郎的高山，以曲文形容其所見之高山模樣。緊接著便開口央求高山為其寄信，高山應允後，李德昌唱道自家住所。最後囑咐高山去尋找其妻子，希望妻子能早些來接自己回家調養。

　　這段記錄雖然尚稱完整，足以提供情節梗概，卻明顯可見賓白之缺漏。首先，由【憶王孫】說明自己身體不適，到【金盞兒】忽然唱出「淋的不心疎，聽得便眉舒，不朗朗搖響蛇皮鼓。」的唱詞，這當中在銜接上並不是十分順暢，明顯缺少一些陳述。此處如對照以明代宮廷本的記載，則可掌握較為明朗的演述過程：

> 【一半兒】……一半兒因風一半兒雨。可怎生得一個人來寄信與我渾家，教他來看我好，我且歇息咱。（外扮高山挑担子上）阿呀，好大雨也！好大雨也！天也，則是盆傾瓮瀽相似，來到這五道將軍廟躲躲雨咱。（做放下担兒科）老漢高山是也。龍門鎮人氏，嫡親的兩口兒有個婆子，每年家趕這七月七入城來賣一担魔合羅，剛出的門來，四下里布起雲來，則是瓮傾瓮瀽，早是我那婆子著我拿著兩塊油單紙，不是都壞了，我試看咱，謝天地，不曾壞了一個，這個鼓兒是我衣飯盌兒，著了雨皮鬆了也，我搖一搖還响里！（末）兀的不有人來也，慚媿也！（唱）【金盞花】……（初九，頁5）

　　且不論高山之科白缺漏，以正末的賓白而言，這裏便前後多了兩句「可怎生得一個人來寄信與我渾家，教他來看我好，我且歇息咱。」「兀的不有人來也，慚媿也！」從文詞

敘述的觀點看來，正末說出了這兩句話，方能與曲文互相呼應，恰到好處。如再退一步而言，不提起找人寄信與妻子的事尚可，但少了正末聽見有人到來的賓白，便覺「聽得便眉舒，不朗朗搖響蛇皮鼓。」之唱詞太過突兀，不夠順暢。除此之外，其他如正末唱完【金盞兒】之後，沒有與高山有任何的問候與攀談，便直接央求對方帶信，這也是極不合乎常理的，亦明顯有所缺漏，如對照以明代宮廷本的記載，也能有類似的發現。[1]

　　但在這些賓白缺漏的情況下，劇情梗概仍然不至於被隱沒，而缺少的賓白，也可以在劇情的演述之中，自然增入，只要稍有戲劇概念的人，應該都不難做到，更遑論是熟悉劇場的主唱腳色。所以就此劇目情況而言，縱使正末拿到的是此一版本，依然可以順利排演，臨場發揮，略無障礙的將缺漏補完。而後人透過文本中的曲文與科白記錄，亦尚不難捕捉主唱腳色的形象。元代刊鈔本中類似記錄狀況的劇目，也大概同樣可以提供足夠的跡象，讓人可以掌握主唱腳色的形象。

　　不過，在元代刊鈔本中對於非主唱人物的形象，便沒有如此容易掌握或揣摩了。在元代刊鈔本中，其他人物則大多沒有唱詞與賓白，只以簡單的科介提示其表演，而且有不少

---

1 明代宮廷本此處有一段長約 600 字的科介，演述高山進得廟來，起先為李德昌所驚嚇，誤認為鬼，弄清楚了之後，李德昌請託高山帶信回家，高山一開始並不情願，最後終於應允的一段過程。這中間的許多波瀾雖然不見得為元刊本所必有，但起先接近於宮廷本中所記錄之「（末搬過揖云）老的祗揖（高）阿呀有鬼也（末）我不是鬼我是人……」一類的對談則必不可少，雖然不一定會如此戲劇化，但相互之間的發現、見面、招呼，則有其存在的必要，如此慢慢帶到李德昌央求高山傳信的一段賓白，方才顯得通順。（初編九，頁 5）

劇目，就連此等記錄亦完全缺無，留下空白。在這樣的刊刻情況之下，欲觀察劇中非主唱人物的形象，更是難上加難，僅能勉強由科介與主唱的曲白中，淺薄的瞭解這些人物的身分與作用而已。

以上述《張鼎智勘魔合羅》一劇之引文為例，屬於高山的記錄，便只有「高山見了」、「外應了云住」、「高山下」等提示，至於其言談的內容，或者表達其主觀意向的動作，則缺乏進一步的記錄，讓人無法從中摸索其性格形象，頂多透過正末的唱詞，看到「我出門觀覷，好出落快鋪謀，有拴頭鎖釵子，壓鬢骨頭梳，有乞巧泥媳婦，消夜悶葫蘆。」之一副賣貨郎標準形貌而已。這與現今留存於人們心中，那個為人正直但又害怕惹麻煩的高山形象，實在差別甚多，而這些形象的建立，則來自於明代版本所記錄的六百多字科白之中，簡單的元代刊鈔本記錄，實無足以提供此類人物形象之描述空間。

由此可見，在元代刊鈔本簡約記錄的基礎下，後人透過文本所能理解的人物形象，相對十分有限。故此筆者儘量不做多餘的揣測與描述，僅讓劇中人物能保留目前元代刊鈔本中所記錄的形象概要，以免偏離原本。以下便將七個劇本中出現的人物，依其輕重分量及出場順序，介紹如下：

一、《楚昭王疎者下船》

（一）楚昭王：本劇主要人物，對於楚國屈斬功臣之事，深感懊悔，耽憂伍子胥復仇。後來在逃亡過程中，犧牲妻兒

下船，保全兄弟。最後得申包胥請來秦兵扶危救亡，得以歸國復位，重新立后生子，為已故妻兒立碑表揚。

（二）昭王弟：在楚國陷難後，與昭王商議逃亡，一同乘船，得昭王保全。後來回到楚國，與昭王共同悼念嫂侄。

（三）昭王妻：在楚國陷難後，與昭王商議逃亡，一同乘船，第一個被昭王犧牲下船。

（四）昭王子：在楚國陷難後，與昭王商議逃亡，一同乘船，第二個被昭王犧牲下船。

（五）申包胥：在楚國危急存亡的時刻，自願赴秦請討救兵，擔荷起存楚的職責，最後不辱使命，請來救兵讓楚國得以度過難關。

（六）伍子胥：元代刊鈔本此劇未明白見到伍子胥是否登場，只能透過楚昭王的敘述，得知伍子胥英勇無雙，並且在破楚之後，鞭打楚王屍首，完成為父兄復仇的心願。

（七）漁父：在楚昭王等四人危難時，勉強冒險讓他們上船，卻在中途風浪來時，請昭王令疏者下船，以保全更為親近之人。

（八）昭王重封之后：末折昭王似已重新封后，並將向其弟引見。

（九）昭王再生之子：新后再生之子，與其母一同出場見叔。

二、《泰華山陳摶高臥》

（一）陳摶：本劇主要人物，能通陰陽妙理，關懷天下

生靈，見塵世紛紛，特下山尋找真命天子。於長安遇趙匡胤君臣，為其指點迷津後，知道聖人出世，天下終於有託之後，方才安心歸隱。後來雖然應宋太祖之請入朝，但面對皇帝親自賜封，或令女色勾引，皆不為所動。最後終得體諒，逍遙自在的歸隱山林。

（二）趙匡胤（宋太祖）：在長安市上，得到陳摶指點，後來果真得天下為君王，一心想要為陳摶封官，卻為陳摶百般推辭。

（三）某臣：元刊本未點出其名，僅由記錄中可知其存在與身分。與趙一同在長安市上遇見陳摶，為陳摶點出有五霸諸侯之命、一品大臣之名，可以扶助趙匡胤一同打天下。後來似為以女色引誘陳摶之人，欲使其放棄修道，入朝為官，最終並未成功。

（四）使臣：奉皇命勸請陳摶下山，並向陳摶請教修道之事，最後不辱使命，將陳摶請下山去，入朝面聖。

（五）女色：奉命引誘陳摶，以破其堅定道心，進而接受世俗名位，但終究失敗而回。

三、《看錢奴買冤家債主》

（一）周榮祖：本劇主要人物，帶妻兒探親不著，遇大雪挨餓受凍，得陳德甫救濟，並接受陳的建議，將孩兒長壽過房與賈弘義。卻遭賈弘義賴錢，氣忿痛罵而去。後至泰安州還香願，遇到孩兒長壽，但二人卻彼此不識，爭吵一頓。最後經陳德甫引見，父子相認，並發現原來賈弘義的財富乃

其先祖所有，感嘆賈弘義富貴一場，為人卻苛刻之至，不過為其家看錢之奴而已。

（二）賈弘義：因貧窮而埋怨上天，後得聖帝准予借用二十年富貴，而其富貴後為人極為苛刻，並在因緣際會下收養了周榮祖之子長壽。故其重病亡逝後，二十年來不捨得花用的錢財，全部遺留給長壽。在周家父子相認後，錢財再度全數回還周家，賈弘義終究只是周家看錢的奴才罷了。中間一度似曾以鬼魂身分上場，欲促使周榮祖父子相認。

（三）陳德甫：因賣酒得濟周氏父子，因而引介周榮祖將孩兒長壽過予賈弘義，卻因賈弘義苛刻賴錢，居中協調，賠錢圓緩。後來在賈弘義過世後，因散藥解救周妻的心疼之症，再度與周榮祖夫妻相認，進而促使周氏父子團圓。

（四）長壽：周榮祖之子，隨父母落難，經陳德甫引介，被過繼給賈弘義，中間曾因不識父母而與之發生爭吵。在賈弘義過世後，繼承所有財富，最後帶著所有周氏祖產，再度認祖歸宗。

（五）聖帝：因賈弘義的狀告埋怨，決定借予其二十年富貴。

（六）增福神：主張賈弘義之窮困，乃屬個人造化，不宜憫恤。最後聽從聖帝之命，借予賈弘義二十年富貴。

（七）周榮祖之妻：在元刊本中並未對其言語動作多作描述，只見其一直陪在周榮祖身邊，經歷一切事件。

（八）賈弘義之妻：在此本中亦為一模糊腳色，曾於議買長壽之際，隨賈弘義上場，又在賈弘義重病之際上場，至於她的言談內容為何，並未記錄。

（九）神鬼卒子：捉拿賈弘義魂魄至廟中。

（十）末折與藥救急之人：本劇末了，周榮祖之妻因犯心疼，而有「外末與藥了」之事，但後面又有「外提陳德甫散藥了」，應是此折有兩個「外末」，而第一個「外末」短暫上場與藥救急之後，便引二人至另一「外末」陳德甫處求藥。

四、《相國寺公孫汗衫記》

（一）張文秀：本劇主要人物，為人樂善好施，曾經解救陳虎與趙興孫二人。卻遭陳虎恩將仇報，設計騙走其子張孝友與媳婦。張文秀勸回不成，無奈留下半片汗衫，以待日後相認。之後家中失火，與其妻淪為叫化，於相國寺乞食之時因汗衫而認出與齋之人即其孫兒。後又至廟中追薦張孝友，進而發現廟中長老即為張孝友，接著媳婦趕至，趙興孫與孫兒亦在此合力拿住陳虎，一家人終於團圓。

（二）張孝友：為張文秀之子，因與父母一同在雪中救了陳虎，似與其結義為兄弟。後來聽信陳虎之言外出躲災，而為其所害，落水未死，於是隱入廟中，最後與到廟中追薦的父母相認。

（三）張文秀之妻：與張文秀解救趙興孫後，與之結義，後發現兒子媳婦為陳虎騙走，喚張文秀一同追趕未果。家中失火後隨張文秀流落行乞，在廟中錯認孫兒為張孝友，最後與張文秀至廟中追薦張孝友，終得全家團圓。

（四）陳虎：在雪中得張氏一家解救後，卻恩將仇報，設計殺害張孝友，強佔其妻兒。最後真相大白，為孝友之子

與趙興孫合力捉拿。

（五）趙興孫：因罪被押解途中，得張文秀夫妻救濟，並與張氏夫人結義，卻也因陳虎奪銀而結仇。後來落寇為王，行搶過程中巧遇張氏夫妻，得知其遭遇後，為之捉拿陳虎報仇。

（六）張孝友之子：元本暫無名字。認陳虎此賊為父，後應舉得官，在散齋過程中，無意中接濟了祖父母，並以汗衫相認。回稟母親後，得知身世，捉拿陳虎復仇。

（七）張孝友之妻：與張孝友一同被陳虎騙出躲災，在張孝友被害之後，被迫跟隨陳虎，並產下張孝友的孩子。忍屈受辱扶養孩子長大後，趁著催促應舉的機會，交付汗衫令其尋找張文秀夫妻。待其子找到張文秀夫妻之後，使其明白真相，進而為父報仇。後來終於在廟中與公婆、夫婿相認，一家團圓。

（八）相國寺長老：在相國寺中，為孝友之子安排散齋之人。

（九）解子：押解趙興孫之人。

五、《死生交范張雞黍》

（一）范巨卿：本劇主要人物，與張元伯為同窗摯友。本懷大志，奈何不受重用，恥為州縣之職，因歸鄉里，臨別與元伯有雞黍之約。兩年後果然依約前往，真為信士。途中似遇王仲略，與其講述道統相承及談論當今為官之事。與元伯短暫相聚又分別之後，第五倫來拜訪，勸其奉獻高才，積極仕進，巨卿以古人遭遇應答。講述當中，忽感昏沈，原來

是元伯魂魄特來訣別，巨卿醒後風塵僕僕趕至靈前，哭悼追祭後，終於拽動元伯靈車，眾人感其至誠。下葬後，巨卿仍為元伯守墳數日，後第五倫奉命前來為其賜封，巨卿大談為官之志，又似為元伯討封、為仲山引薦、對仲略嚴懲，最後讚頌丞相第五倫識人如鑑，用人無疑。

（二）張元伯：為巨卿同窗摯友，二人有兩年之約，時至請託母親備具雞黍以待，可見亦為信士。分別後重病而亡，魂魄特地前往與巨卿訣別，並待巨卿趕至後靈車方動。

（三）孔仲山：先聖之後，是巨卿同鄉，同在帝學。為人孝順誠信，亦未仕進，後來似得巨卿舉薦，而得到出仕的機會。

（四）王仲略：為天官主爵都尉兼學士判院門下女婿，素無才德，倚丈人之勢，亦在帝學。似因苟且得官，而有向巨卿問道統之事，最後亦似事跡敗露而遭懲戒。

（五）第五倫：為當朝丞相，因聞巨卿之高才，特地前往訪賢，勸其仕進。後奉聖命賜賞巨卿，亦似準備向聖上推舉仲山。可見其能舉才用賢，明如皓月，似官裡青天。

（六）張元伯之母：為范張二人之約，備具雞黍。

（七）孔仲山之母：開場與孔仲山對話，內容不詳，應是囑咐叮嚀之類。

（八）皇帝：開場與丞相第五倫對話，內容不詳，應是談論用才之事。

六、《張鼎智勘魔合羅》

（一）張鼎：本劇主要人物，為官清廉賢能，是智勘此

案的重要官吏。他在無意間遇見劉玉娘申冤，深感此案疑點重重，主張不宜遽斷，應當重新審理，因此被交付重審此案。張鼎雖則懊悔自己多事惹禍，但仍求案情明朗，不昧己心。於是抽絲剝繭，循線追查，從劉玉娘處問出高山，又從高山處問出李文鐸，至此對案情已大致了然於心。接著設計引出真凶，令其現出原形，無所遁逃。終於為劉玉娘雪冤，完美交差。

（二）李德昌：出門做買賣，回家途中遇雨，因感風寒。拜託高山為其寄信回家，請家人來接他。高山卻陰錯陽差，令其從弟李文鐸先得知此消息，趕至廟中，將其毒殺。

（三）劉玉娘：李德昌之妻，在家屢遭李文鐸調戲，雖曾在丈夫出門前告知，卻只能無奈隱忍。後來得高山傳信欲至廟中接回重病的丈夫，但到的時候，看見的卻是已經被毒殺的丈夫。後似回家告訴李文鐸，卻遭李文鐸以此脅迫相從，玉娘堅決不允，二人告至官府。想不到李文鐸卻誣告玉娘為殺夫凶手，終於被問成死罪。幸得押解途中遇見張鼎，對其申冤告狀，得到重審的機會。終於在張鼎的抽絲剝繭下，案情大白，沈冤得雪。

（四）李文鐸：是李德昌的從兄弟，住在李德昌的對門，早就對嫂嫂心懷不軌。逮住機會後，便毒殺從兄李德昌，並似以此逼迫嫂嫂相從，遭玉娘拒絕後，更誣指玉娘行凶。後來被張鼎設計引出，招伏認罪。

（五）李伯英：李德昌的叔叔，李文鐸的父親，似早知李文鐸藥殺李德昌的罪行，卻選擇為之隱匿。最後被張鼎設計引誘，親口招出李文鐸殺兄之事。

（六）高山：塑魔合羅以為買賣之人。買賣途中遇重病的李德昌，答應為其寄信回家，卻無意中將消息先告知李文鐸，後來雖然也將訊息傳達給劉玉娘，但卻已讓李文鐸有機會先趕至廟中殺害李德昌。但似乎在傳達過程中，曾送予玉娘之子魔合羅，因而留下線索，讓張鼎有機會傳訊到案，從其口中問出李文鐸，終得破案轉機。

（七）孤：為承辦此案之官員，似因辦案潦草，囫圇將劉玉娘問成殺夫凶手，判處死刑。卻遭張鼎提出質疑，因此將此案交付張鼎重新審查。

（八）王大：全劇僅有「王大上了」四字，內容極為含糊。以情節推論，應為接受李文鐸賄賂關說之人，或為李文鐸出計賄賂之人。

（九）祗候：張鼎手下之人，為其抓人辦案。

（十）眾：押解玉娘的士卒。

七、《醉思鄉王粲登樓》

（一）王粲：本劇主要人物，才學滿腹，卻生性矜傲。為蔡邕寄書催促上京，並故意激怒，因此忿而離去，得子建賜予黃金鞍馬與書信，薦往荊州。至荊州後，又因為傲慢得罪荊王二位大臣，故亦不能為荊王所用。於是客中登樓，觸景傷情，感嘆懷才不遇，羞歸故里。後來似因所作萬言書而得到皇帝賞識，宣詔進京，任命元帥。本對蔡相的輕視記恨在心，後經子建居中協調，方知一切乃丞相之用心，最後在蔡相的安排下，與母親及未婚妻子（即丞相之女）一家團圓。

　　（二）蔡邕：當朝丞相，曾與王粲父親刎頸之交。但因王粲恃才而傲，不肯求進，故意設計激怒，令其積極仕進。並透過曹子建暗中資助推舉，終於讓王粲的才學為皇帝所見，封為元帥。但過程中，卻也為王粲所誤解，傲慢以對，最後經子建說明原委，終於得到王粲的諒解與感謝。

　　（三）曹子建：與蔡邕合計幫助王粲進取功名，在明處執行蔡邕計畫，並於王粲受封元帥後，對其說明原委，使翁婿得以誤會冰釋，闔家團圓。

　　（四）荊王：曾得丞相薦書，但因眼見王粲之傲慢，最終決定聽信二臣之言，並未重用王粲。

　　（五）荊王二臣：為王粲倨傲以對，因此進讒阻礙王粲前程，使其不得荊王所用。

　　（六）樓主：王粲所登之樓的主人，在王粲失意之時，令其登樓抒情，予以慰解，也讓王粲有了排解憂愁的機會與訴說的對象。

　　（七）王粲之母：催促王粲應丞相之請進京，並在王粲得官後，為丞相接進京與王粲團圓。

　　（八）店小二：在王粲進京見蔡相時，暫居旅店之小二，因王粲無錢繳付食宿而睥睨以待。

　　（九）皇帝：兩次出場，第一次應是談及用才之事，第二次應是為王粲受封之事。

　　（十）太保：奉皇命送宣與王粲。

　　（十一）蔡邕之女：因父命而與王粲有婚約，在王粲得官後，與之團圓。

　　從以上人物簡介中不難發現，除了主唱腳色之外，其餘

人物的形象皆十分模糊，多半僅能見出其角色功能之描述。可見元代刊鈔本中，簡單表露此等人物之角色功能，以利推動情節，輔助主唱腳色之表演。所以我們在元代刊鈔本雜劇中，透過近乎完整的曲文，與部分詳盡的主唱賓白，尚能大致瞭解主唱腳色的人物形象，但關於其他劇中人物之豐富形象與心理層面，則便有賴於其他明代版本之記錄保存或發揮創造了。

第二節　明代宮廷本人物形象之重整與改訂

對照於上一節元代刊鈔本各劇之登場人物，以下分別列出各劇人物的增刪概況，以便下文之討論。但此處所增列之人物，有可能原本即隱藏在元代刊鈔本的科白之中，因為某些人物之出現，僅在劇作的科白之間，故如果元代刊鈔本缺漏其科白，又無法從主唱腳色的賓白或曲文等內容中得見其出場相關的敘述，便可能無從確認其原本是否在場，僅能暫時視為增加的角色而論。

【表 2-1】元代刊鈔本與明代宮廷本之人物增刪比較

劇目	元刊本	宮廷本	人物功能或形象
楚昭王疎者下船		吳姬光	出場說明吳國失劍之事，並與孫武子、伍子胥、太宰嚭等臣討論攻楚事宜。
		卒　子	吳王隨從。
		孫武子	與吳王等談論失劍之事，認為寶劍不可不取，被任命為帥領兵攻楚。
		太宰嚭	與吳王等談論失劍攻楚之事，聽命辦事而已，沒有強烈的性格表現。
		使　命	奉吳王命令，到楚國下戰書。
		費無忌	伍子胥的殺父仇人，奉楚昭王命迎戰伍子胥，不敵而逃，最後為吳兵所殺。
		龍　神	奉上帝勅令，搭救楚夫人及楚公子上岸。
		淨鬼力	隨從龍神，搭救楚夫人及楚公子上岸。
		秦昭公	因申包胥前來借兵，與其臣百里奚、秦姬輦共同商議出兵救楚之事，最後決定出兵救楚。
		百里奚	因申包胥前來借兵，為秦昭公所召，共同商議出兵救楚之事，主張可以借兵。
		秦姬輦	因出兵救楚之事，為秦任命為大帥，並欲借此擒拿伍子胥以雪臨潼之恥。
泰華山陳摶高臥		卒　子	隨使臣上場。
		侍　臣	隨聖駕上場。
看錢奴買冤家債主		鬼　力	隨靈派侯上場。
	陳德甫	賣酒的	引介周榮祖至陳德甫處商議賣兒之事。
		陳德甫	為賈仁家門館先生。
	神鬼卒子		押賈弘義上場引周氏父子相認者。
相國寺公孫汗衫記		興　兒	張家僕人。
		店小二	因陳虎無法繳納食宿費用，因而將之驅趕出旅店。
		俫　兒	與陳豹因打大蟲而衝突之人。
		雜　當	陳豹為官後的隨從。
		府尹李忠	奉聖命宣判之人。
		袛　從	李忠的隨從。
死生交	仲山之母		無賓白，應是關心孔仲山出門平安等事。

范張 雞黍	駕		無賓白，應是與第五倫商議求才之事。
	元刊本第 一折以下 科白闕 漏，此等 人物曲文 亦未提 及，難以 確認，僅 此羅列以 供參考。	賣酒的	范巨卿與王仲略相遇酒店的賣酒人。
		家　童	范巨卿家童。
		眾街坊	張元伯街坊。
		祗　從	第五倫隨從。
張鼎 智勘 魔合羅		佛留兒	李德昌之子。
	王大		似為接受李文鐸賄賂關說之人，或為李文 鐸出計賄賂之人。
		蕭令史	與縣令狼狽為奸，為李文鐸所買通，判處 劉玉娘死罪，然後共同分贓。
	孤	河南府 縣令	宮廷本似將元刊本「孤」的角色一分為二， 先有「縣令」，受賄定處劉玉娘的死罪， 後又有「胡官人」，按受張鼎申冤並命其 重啟調查，最後案件明朗之後，頒聖命賞 善罰惡。
		胡官人	
		張　千	增加出場二人均名張千，分別為縣令、胡 官人之隨從。
醉思鄉 王粲 登樓	駕		無賓白，應是談及求才之事。
		從　人	蔡邕隨從。
		眾	荊王隨從。
	蔡相之女		蔡邕之女，王粲未婚妻子。

一、人物之增加多於刪減

　　以人物之增刪而言，對照於元代刊鈔本，明代宮廷本大致是以增加人物為編訂方向，而其改變最多者應屬《楚昭公疏者下船》一劇。由於此劇在情節內容上，已經作了相當程度的改寫，所以連帶在出場人物上，也有不小的差異，總計

增添者應有吳姬光、孫武子、太宰嚭、秦昭公、百里奚、秦姬輦、費無忌、龍神與鬼力等。

　　但由於本劇之元刊本科白全無，所以其中許多人物尚無法確認原劇之有無。如吳姬光、孫武子、太宰嚭、秦昭公、百里奚、秦姬輦等人，在明代宮廷本出現時，皆僅在科白之間，而且自成段落，與主唱沒有交集，故此等人物極可能因為元刊本科白之缺無，而完全被隱沒。其中吳姬光、孫武子、太宰嚭三人與伍子胥論及寶劍飛入楚國之事，並有意興兵伐楚，這段內容雖涉及寶劍，顯然非原本所有，但如拿掉寶劍之事，只言攻楚，則不一定須完全排除於原本的情節之外，而末折秦昭公、百里奚、秦姬輦與申包胥討論救楚之事，則更可以融入原本情節之中，毫無衝突，所以這些人物，不見得必然為原本之所無。只是明代宮廷本向來喜愛熱鬧的場面，增加人物以營造舞台之鬧熱，是其不掩之版本特色，尤其是在宮廷本的歷史劇中，使用人物繁多的情況更是突顯，此劇之人物增加，不排除為其改編特色的反映。

　　除此之外，可以確信為宮廷本增加者，則有費無忌、龍神與鬼力等角色。其中費無忌一角，在元刊本的劇情設計上，極可能在未開場前便已被斬，其人並未曾真正出現在元代劇場之上。在元刊本中，楚昭王一出場便唱出「斬了賊臣，封了兄弟」（初編十二，頁數不明）等唱詞，推想此處所謂「賊臣」，應即費無忌一人。因為從以下唱詞中可見，楚昭王對於伍員一家的遭遇，其實有「讒臣譖，忠臣叛」的自覺，並且曾透露出「屈斬了功臣」的悔意，故其稱費無忌為「賊臣」而將之「斬殺」也在情理之中。而仔細觀察元刊本此劇之曲

文，從頭到尾皆未曾提及費無忌之人名，就連費無忌最有可能出場的第二折之中，也完全不見跡象。對照於明代宮廷本的曲文，則其【調笑令】之「費無忌你索承頭，這一場報冤不罷手。」（初編六，頁14），並不存在於元刊本同曲同句之處，顯然經過編改。而龍神與鬼力等角色，則由於其增出的目的在於搭救楚昭公妻兒之性命，以便得到全家團圓的結局，而這個結局在元刊本中既以「他身死在波光內，名標在書傳里，一個忠則盡命，一個孝當竭力。」（初編十二，頁數不明）的悲劇作結，顯見二人皆死於船難之中，當然不可能出現龍神鬼力來相救，故此等角色應該也不存在於元刊本之中。

在其他劇中明代宮廷本所增加的角色，則有不少是以類型化的人物為主。如《相國寺公孫汗衫記》一劇所增之店小二，是負責將陳虎趕出，使其流落街頭，得遇張家之人。其劇中有如下之演述：

> （店小二上云）……小人是箇店小二，我這店裏下著一大漢，房宿飯錢都少欠下，不曾與我，如今大主人家怪我，我如今大風大雪裡喚他出來，趕將他出去，有何不可？（做叫科云）兀那大漢，你出來！（邦老上云）哥也，叫我做甚麼，我知道少下你些房宿飯錢，不曾還哥哥哩！（店小二云）沒事也不叫你，門前有你箇親眷尋你哩！（邦老云）休鬧小人耍！（店小二云）我不鬧你，耍我開關這門。（邦老云）是真箇在那裡。（店小二做推科云）你出去，關上這門凍殺餓殺不干我是。（下）（初編五，頁3）

　　此一角色之功能與演出方法大致如此，多數扮演催討房錢的角色，使劇中人物落難，進而推展劇情。在元雜劇的許多劇目之中，均有此類人物的安排，如《醉思鄉王粲登樓》中將王粲趕出的店小二，亦便如是。

　　另外兩個增加的類型化人物，即如《張孔目智勘魔合羅》中所分飾出來的縣令與胡官人之角色。這兩個角色，在元刊本之中原本合而為一，只做誤判劉玉娘的一個官吏身分，最後在張鼎堅持下，接受重審的決定。但在明代宮廷本中，則將之一分為二，讓那個誤判劉玉娘的縣令，成為一個貪污受賄的類型化人物，其出場唸道：「我做官人實是妙，告狀來的只要鈔，若是上司來刷卷，廳上打的雞兒叫。」（初編九，頁13）可見其貪官之樣板。而其所分出的另一個角色，則除了扮演原本接受張鼎質疑，令其重啟調查的官人之外，又在最後賦予其頒布聖命、賞善罰惡之任務，成為另外一種在明代宮廷本極為普遍的高官類型人物。而這類角色在宮廷本中出現的更為頻繁，[2]如本文所探討的另一個劇本《相國寺公孫合汗衫》，其中所增出之府尹李忠，負責最後宣判劇中人物的善惡報應，亦為依此類型而增入的角色。

　　其他如《相國寺公孫合汗衫》所增之興兒一角，則飾演

2　根據筆者〈明代宮廷本元雜劇之劇末韻白研究〉一文探討結果，發現在屬於元人創作之二百零二部明代宮廷本元雜劇中，約有一百六十幾部演出劇末韻白的宣唸場景，佔全部數量的百分之七八十以上。而其中屬於公案類、歷史類、倫理類與愛情類的劇末韻白，又多數由高官宣唸。（收錄於《銘傳大學2013年中國文學之學理與應用國際學術研討會論文集》，銘傳大學應用中國文學系（所）編印，2013年，頁171-196。）

張家僕人，僅供使喚，可以隨聲應和，一搭一唱的演出，使排場較為熱鬧，但對劇情發展沒有太大的作用與影響；俫兒則是與陳豹因打大蟲而衝突之人，有突顯陳豹形象的效果，亦可使排場更加熱鬧，或增添演出的趣味效果。而表中所見宮廷本所增加的角色，大多屬於此類增添排場熱鬧的角色，如家童、張千、卒子、祗從、鬼力、雜當、從人等，這些角色在演劇當中，通常可以視排場之大小而彈性增減，故偶而也與元代刊鈔本互為增減，如《看錢奴買冤家債主》中的神鬼卒子。明代宮廷本此類角色之相對增加，除開元代刊鈔本簡省的因素之外，應該與宮廷之演劇環境不無關係。

在七個劇目之中，對照於元代刊鈔本，在明代宮廷本中真正被刪減的角色甚少，僅有如《死生交范張雞黍》的「駕」及「卜兒」（飾孔仲山之母）、《醉思鄉王粲登樓》中的「駕」及「旦兒」（飾蔡邕之女）等人。其中「卜兒」的出場，應是叮嚀孔仲山外出之事，但由於元刊本此劇科白簡省，在第一折以後幾乎完全缺無，難以確知孔仲山在此劇中的輕重，亦無法求証其間關連。但如以明代宮廷本觀之，孔仲山並非本劇要角，依演出慣例而言，其母親之出場亦非必要，故可能因此遭到刪減。

而其他所刪減的《醉思鄉王粲登樓》「旦兒」一角，在元刊本中只出現在最後一個排場，演出大團圓的結局，而宮廷本此處則僅以曹子建所言：「自從元帥去後，老丞相將老夫人搬至京師，一般蓋下畫堂，又陪房奩斷送，將小姐聘與元帥為妻。」（二編一，頁 30）簡單帶過，並未使之出場，這種作法則應亦與明代宮廷本末折經常草草收尾的做法有

關。[3]

　　在表格中，宮廷本所短少之最引人注目的角色，應屬以上二劇之中皆曾出現又同時遭到刪減的「駕」。在元雜劇中，「駕」所扮演的皆為帝王的角色，這兩個角色之同時不容於明代宮廷本中，實透露著不尋常的意味，推測應與明初的演劇禁令相關。

　　明初，對於戲曲演出相關法令之限制不少，其中影響最大的，應屬明太祖洪武三十五年所頒佈之《御制大明律》規定：

> 凡樂人搬做雜劇戲文，不許粧扮歷代帝王后妃、忠臣烈士、先聖先賢神像，違者杖一百；官民之家，容令妝扮者與同罪。其神仙道扮，及義夫節婦、孝子順孫、勸人為善者，不在禁限。[4]

　　這項禁令，到了明成祖永樂九年，仍然存在著：

> 今後人民倡優裝扮雜劇，除依律神仙道扮、義夫節婦、孝子順孫、勸人為善及歡樂太平者不禁外，但有褻瀆帝王聖賢之詞曲，駕頭雜劇，非律所該載者，敢有收藏，傳誦印賣，一時挐送法司究治，奉旨但這等詞曲出榜後，限他五日都要乾淨了，將赴官燒毀了，敢有收藏的，全家殺了。[5]

---

3 明代宮廷本末折草草的現象已於上一章說明，而此劇明代宮廷本除刪減「旦」之上場之外，亦刪去「駕」之登場，還減少【駐馬聽】、【甜水令】、【折桂令】、【川撥棹】、【七兄弟】、【梅花酒】、【收江南】、【駕央煞】等數曲，僅餘五支曲文與數段科白，其簡省之情況可見一斑。

4 明洪武三十年五月刊本《御制大明律》卷二十六，〈雜犯篇〉「搬做雜劇」條，頁8。

5 見顧起元，《客座贅語》卷十「國初榜文」條，頁 33。收錄於《百部叢書集成》，台北：藝文出版社，1968 年。

　　雖然這些法令後來執行的結果如何，缺乏直接的文獻可供觀察，但應該還是對明初的劇壇，產生了相當程度的影響，尤其是在宮中演出的雜劇。

　　如果我們進一步觀察分析明代版本的元雜劇，便可發現除非「駕」本身即為該劇之重要的人物，如《西華山陳摶高臥》中的趙匡胤、《好酒趙元遇上皇》中的宋太祖、《破幽夢孤雁漢宮秋》中的漢元帝、《唐明皇秋夜梧桐雨》中的唐玄宗等，否則確實較少出現純粹為帝王排場的演出的情節。以上所列舉之《西華山陳摶高臥》等數劇之帝王，在劇情發展中多半具有相當的演出分量，甚至是該劇之主角，這些帝王之出場，皆非純粹為排場而設，其出場的表演情況，有時也和其他腳色一樣，並未特別作帝王之妝扮，亦未強調帝王之排場。所以像本文所討論的《醉思鄉王粲登樓》與《死生交范張雞黍》之「駕」，這種非劇中主要人物，也非情節所必需之帝王腳色，可能便為明代演出時所刪減，以免觸犯禁令，引發爭議。其他如《關大王單刀會》第一折之「駕」，也已不見於明代宮廷本的記錄之中，這又另一項可資參考的例証。

　　故可見明代宮廷本的角色安排，增加者多，刪減者少，這其間或許與宮廷演出班制中，人力充足、不虞匱乏的現實有關。而其所增加的人物，除了《楚昭公疎者下船》一劇，乃應劇情改編的需求而增加之外，其他劇作所增加的角色，多半是為演出的趣味與舞台的熱鬧而增設，而其中有不少是劇場上慣用的類型化人物，其演出台詞與身段皆有一定的模式，十分適合臨場套用、隨時穿插，在演出上非常便利，在

宮廷本不少劇目中皆可見其存在的蹤跡。而其所刪減的人
物，則可能依其演出慣例或特殊考量，如慣用宣唱拜謝場面
收束，以取代其他事件的描述連帶刪減相關人物之出場，或
減省帝王之扮演以免觸犯禁忌等情況，由此亦隱約可見明代
演出環境的對於版本內容的影響。

二、人物形象之豐富與改編

　　以原有之人物形象改編而言，由於元代刊鈔本之科白簡
省，元雜劇中除了主唱腳色的形象尚稱完整之外，其他人物
在元代刊鈔本中，多半只具功能性的作用，而這些人物的完
整形象，幾乎皆有賴於明代宮廷本的流傳，方得以在讀者心
中，烙下清晰的輪廓。

　　以《楚昭王疏者下船》一劇為例，楚昭王之弟在劇中扮
演的分量，除了楚昭王之外，應該是最重要的。他一路伴隨
楚昭王，聽他訴愁，陪他擔憂、籌謀、逃難，最後和他一同
悼念妻兒。而此劇所謂「疏者下船」之主題，也因為有了這
個角色，才能有鋪陳展演的基礎，楚昭王心中兄弟重於夫妻
與父子的情意，也才得以彰顯。

　　但如此重要的人物，在元刊本中形象卻是扁平的，除了
隱隱點出上述功能，讓楚昭王有一個可以抒情與演述的對象
之外，其餘如性格、心情則幾乎一無所知，就連在楚昭王琢
磨、討論誰該下船的危難時刻，仍然難以從中掌握他當下的
心情。只在第二折中，楚昭王似有犧牲自己與妻子，以保全
弟弟與兒子的念頭時，由楚昭王所唱：「您叔姪每免憂」（初

編十二，【鬼三台】，頁數不明）、「救您叔姪命則合藏舌閉口，講甚君臣禮誠惶頓首，子怕扶侍君王不到頭，寡人依卿所奏。」（【絡絲娘】）等曲文，才隱約見到一點他對君王的保全之意。

　　而在明代宮廷本的記錄中，則清楚看見其豐富的形象。在宮廷本中，不但給了他一個名字──羋旋，也讓他一開始勸慰楚王，在國難之時提出：「哥哥，豈不聞古云：『軍來將敵，水來土堰』這裡有司馬子期子常申包胥，皆是南楚智勇之將，請將來與他商議，有何不可？」（初編六，頁 8）陪楚王一同擔憂設法。接著則在逃難的過程中，對梢公說明：「兀那梢公，你認不的俺，我哥哥是楚昭公，被子胥追趕至近也，你若肯渡將俺過去，久後平定了楚國，那其間將你重賞封官，不強似你在此捕魚，你試尋思咱！」（頁 17）擔負起護衛、安排楚王逃亡的責任，並在危難之際幾度預備犧牲自己搶先下船：「哥哥，好覷當嫂嫂姪兒，您兄弟拜別了哥哥，我下水去也。」（頁 19）「哥哥，梢公道疎者下船，您兄弟想來，嫂嫂姪兒與哥哥正是著親的，惟您兄弟疎慢不親，理當下水也。」（頁 20）「哥哥，風浪越大了也，梢公道（疎）者下船，您兄弟辭別了哥哥，下水去也。」（頁 21）又在最後歸國時刻，思念嫂姪道：「您兄弟喫不下這酒去！⋯⋯您兄弟則想著嫂嫂和姪兒！」（頁 21）讓羋旋的形象鮮活了起來。

　　而在《看錢奴買冤家債主》中，則對賈仁的苛薄形象，亦有頗為生動與深刻的描寫。除了一開始埋天怨地，祈求上天憐憫賜福，並承諾賜福之後「齋僧布施，蓋寺建塔，修橋補路，惜孤念寡，敬老憐貧」（初編六，頁 4）但得到財富

之後所言所行，卻反其道而行，恰好與此形成強烈的對比。在第二折所描寫的賈仁，不但苛刻對待周榮祖，以近乎強佔的手段來騙買周子長壽，其惡劣行徑令人髮指，後又在第三折中，以他與長壽之間的對話，諷刺其一毛不拔的尖酸模樣，其中有一段極富形象化的敘述：

> 我那一日想燒鴨兒喫，我走到街上，那一家人家正燒鴨雞子，油溙溙的，我推撿那鴨子，教我搭了命，搵了一把，恰好五箇指搵的全全的，我來到家，我說盛飯來，我喫一碗飯，我呧一箇指頭，四碗飯呧了四箇指頭，我一會渴睡上來，著我就在板凳上，不想著睡了被箇狗餂了我一箇指頭，我著了一口氣，就成了這病，罷罷罷，我往常間一文不使，半文不用，我今病重也！（初編六，頁 21）

之後又與長壽父子倆談論了買豆腐、畫喜神、買棺木、借斧子等事，一層一層推進，把賈仁吝嗇，描繪得極為生動精彩。這段對話，大約寫了一千多字的長篇，如再加上前面騙買長壽那一段長達兩千餘字的對話，簡直是把賈仁的尖酸苛刻，深化到無以復加。不但極具諷刺意義，亦富含舞台趣味，可以想見其演出之熱鬧。

另外，對於《張孔目智勘魔合羅》中李文道形象的增寫，多處依照元雜劇中類型化創作。首先，李文道調戲大嫂，趁著兄長李德昌出外做生意之時，行為更是張狂。後來終於機會來臨，趁著德昌染病在廟之時，藥殺了兄長，侵吞了財貨，也預謀藉此霸佔兄嫂。所以，當嫂子劉玉娘前來商議李德昌死亡之事的時候，李文道便藉機要脅道：

（李）俺哥哥已死了，你可要官休私休？（旦）怎生
是官休私休？（李）官休，我告到官司，教你與我哥
哥償命；私休，你與我做了老婆便了。（旦）你是甚
麼言語？我寧死也不與你老婆。（李）我和你見官去。
（旦）我情願見官去。李德昌，則被你痛殺我也。（拖
旦下）（初編九，頁12）

　　這類「官休私休」的司法情節，普遍存在於元雜劇之中，
如《感天動地竇娥冤》、《好酒趙元遇上皇》、《神奴兒大
鬧開封府》等，見官以後，大多也會遇見一些只問金錢不問
是非的貪官，如河南府縣令吟唱著：「我做官人實是妙，告
狀來的只要鈔，若是上司來刷卷，廳上打的雞兒叫。」（初
編九，頁13）同樣的上場詩也曾出現於《感天動地竇娥冤》
之中；又如蕭令史上場詩道：「官人清似水，外郎白如麵，
水麵打一和，糊塗成一片。」同樣的上場詩也出現在《好酒
趙元遇上皇》、《神奴兒大鬧開封府》等劇之中，這都是非
常典型的演述方式，而此一官司的結果，李文道也必定依此
類型而得到短暫的勝利。

　　但宮廷本中所描繪的李文道人格卑劣不僅於此，其精彩
之處更在於末折張鼎「智勘」此案的過程，充分利用他對於
李文道猥瑣人格的掌握，設計智取，讓他無所遁逃。而這當
中，顯現李文道不但是一個為了情慾金錢可以藥殺兄長、誣
陷嫂子，還是一個可以為了脫罪，嫁禍親父，圖利自身的人。
一個活生生惡徒的形象，藉此完全顯露。

　　以上人物形象的逐漸豐富，尚且不能完全歸因於明代宮
廷本之改編，只能視為明本流傳的一大貢獻，大大的補充了

元代刊鈔本的缺漏，讓元雜劇中許多人物形象，得以豐富了
起來，亦顯見宮廷本賓白的描述之功。

　　但在某些人物身上，明代伶工確實下了功夫加以改造，
其形象與現今所見的元刊本有著相當的差距。如《看錢奴買
冤家債主》中的陳德甫，在元刊本中原作「外末扮陳德甫上
做賣酒科」的演出提示，可見陳德甫原為賣酒之人，由「外
末」扮演。而在末折處，賣酒人與陳德甫又似乎是不同的兩
個人，故先有「外末與藥了」之事，緊接著又有「外提陳德
甫散藥了」，似乎經由這個與藥的外末，將周氏夫婦引介陳
德甫處索藥，隨即以「外」稱陳德甫。可見本折有兩個「外
末」，其中一個「外末」僅短暫上場，而另一「外末」陳德
甫才是散藥的源頭。如此，則元刊本末折與第二折的賣酒之
人似乎不同，原先在第二折賣酒的陳德甫，至末折成了散藥
之人，至於是否仍然賣酒，便不得而知了。

　　但在宮廷本中則從頭至尾，將這個角色一分為二，分出
賣酒人與陳德甫為不同角色，給予陳德甫另外一個身分，是
為賈家的「門館先生」，不再賣酒，賣酒人的角色，則另外
增出。故劇中先有一個賣酒人為周榮祖一家三口送酒暖身，
藉此引介周榮祖至陳德甫處，商議賣兒之事，而最後又經由
此一賣酒人，將周氏夫婦引至陳德甫處索藥，前後統一，脈
胳十分清楚。

　　在元刊本中，陳德甫所擔負的角色，即是與酒救濟周家
三口，在得知周家的處境之後，引介他們把孩兒長壽過與賈
家，甚至賠錢圓滿此事，最後又因散藥而促使周榮祖父子相
認。如此，則將陳德甫設定為一個賣酒之人，確實極為省事。

他可以因為是賣酒人，而熟悉村中的大戶賈弘義，故能受其委託，尋找賣子之人；他也可以因為是賣酒人，得遇在雪中凍餓的周家人，而予以施救。所以只要再設定其熱忱善良的性格，那麼便足以擔負在劇中的角色任務了。

但到了宮廷本，則重新塑造陳德甫的形象。他一上場便介紹自己的身分是賈家的「門館先生」，工作是「在解典庫裏上些文曆」，故而受賈仁（宮廷本將賈弘義改名為賈仁）之託，為其尋找可收養的孩子，因而再將此事轉託容易接觸到許多往來過客的賣酒人。所以當賣酒人為其找來周榮祖之子後，陳德甫居中引介、協調，可以作用的分量，遠比賣酒人更為有力。而當賈仁賴錢時，陳德甫則以其在賈家的月錢添湊，也頗為順當合理。在賈仁死後，則又因施藥救貧而重遇周氏夫婦，終得促使周氏一家團圓重好，自己也得到厚禮報答。

整體而言，這個角色的重塑，使得劇情進行當中，得到一個調節斡旋的有力人物，以陳德甫的學識背景與身分，有助於他在必要的時候，更適切的發言，使情節發展更加得力。

另外，在人物關係的處理上，差別較大的應屬《相國寺公孫汗衫記》中的陳虎與陳豹（張孝友之子，元代刊鈔本不見姓名，宮廷本方見名為陳豹）之間的父子關係。在元代刊鈔本《相國寺公孫汗衫記》中，對於陳虎與陳豹的關係，原本只作尋常父子一般處理，陳豹進京應舉，亦無隱瞞陳虎之跡象，此由元代刊鈔本第三折尚有「等外旦淨小末上云住交小末應舉科」、「等淨囑付了先下」之情節即可得知，可見陳豹應舉之事，陳虎是知情的。雖然在元刊本中，無法得知

其囑咐之內容為何，但至少沒有連應舉這等大事都未曾告知的情況。而在宮廷本中，張孝友之妻李玉娥與其子陳豹二人商議應舉，並未告知陳虎，直到第四折陳虎詢問才知情，似有刻意疏離父子之間關係的改編意向。而且在言談間，也不時流露父子關係之惡，如第三折中有陳虎道：

> 那箇婦人蓁入我家門，就添了箇滿抱兒孩兒，如今一
> 十八歲，十八般武藝皆會，我時常家一頓打，便是一
> 箇小死，我恨不的待打死這箇小廝，可是為何？我則
> 待剪草除根萌芽不發。（初編五，頁 28）

清楚道出陳虎因陳豹乃張孝友之子而有所顧忌，恨不得斬草除根、置之死地的心態。而在末折中，當陳虎知道陳豹應武舉之事，也只道：「既是應武舉去了，不得官就不要見我。」（初編五，頁 43）可見父子關係之惡。宮廷本對陳虎與陳豹父子之間惡劣關係的增寫或強化，也讓觀眾對於後來陳豹的復仇行動，比較容易接受，否則父子十八年的情誼，說翻臉就翻臉，也不免令人在心情上難以釋懷。

可見明代宮廷本在人物的增寫與重塑上，不僅能使元雜劇的人物形象更加明朗豐富，亦能或使劇情發展更為合理順暢，有其不可抹滅的階段性版本貢獻。

第三節　《元曲選》人物形象之重整與改訂

就劇本中所記錄的人物形象而言，從明代宮廷本到《元

曲選》其間的變化並不算多，而這些細微的變化，是否透露著臧懋循的某種理論訊息，則是本節欲觀察的重點。

一、合理的刪減人物

在出場人物的數量上，《元曲選》與明代宮廷本幾乎沒有什麼明顯的差別，認真而論，僅在於《楚昭公疏者下船》一劇第四折中，明代宮廷本原有楚昭公重娶之妻（二旦）與再生之子（倈兒）上場，但在《元曲選》中則僅有二旦上場，並不見倈兒隨同，可見此一角色之登場，已悄悄為《元曲選》所刪去。

此一倈兒之角色，在明代宮廷本上場之時，僅只是默默的跟隨在二旦之後，並沒有任何台詞，亦無關乎劇情發展，表面看來，其上場與否，似乎並不重要。但若仔細究其根由，則可發現其中實隱含著明代宮廷本為了熱鬧的需求，而做出不合實際或情理安排的誇張特性。

在宮廷本此折中，芈旋一上場便道：「某乃二公子芈旋是也，自江邊與哥哥相別之後，可早三年光景，聽知的申包胥借起秦兵，重扶楚國，我認哥哥走一遭去。」（初編六，頁 30）但根據《左傳》的記載，《楚昭王疏者下船》一劇所引為背景的戰爭，應該是在定公四年（約西元前 506 年）冬天所爆發的吳楚柏舉之戰（又稱郢之戰），這是孫武在歷史上唯一留下的一場戰爭記錄。這個戰爭大約在同年的 11 月底吳國大勝，伍子胥掘楚平王墓，鞭屍三百，以報父仇，楚昭王被迫出奔。但在定公五年 6 月，申包胥請來秦兵相救，同

9 年月吳軍被迫徹兵，楚昭王方得以回國復位。故從戰爭開始楚昭王出奔，一直到吳國徹兵楚昭王復位，前後時間不到一年。[6]明代宮廷本將時間拉長到「三年光景」，似乎並不符合史實。

當然，退一步而言，楚昭王復位不一定代表兄弟重逢，兄弟重逢也可設定在多年之後。這個做法雖亦可行，但如果結合宮廷本此劇結尾，請出秦昭公帶來周天子的封賞，了結此歷史事件，那麼時間設定在「三年光景」之遙，便顯得不合情理，明代宮廷本的安排，實存在著自身的矛盾性。

而這個矛盾，到了《元曲選》，便有了較為合理的解決之道。它讓羋旋再次登場言道：「某羋旋自從江邊與哥哥別後，一向避於隨地，可早半年光景也。」（冊一，頁 9）將宮廷本所謂的「三年光景」，悄悄改為「半年光景」，而其更改的目的，即可能是為追求接近史書的記錄，也讓前後的劇情承接合理通暢。

但也由於時間上的修改，那麼若言楚昭公在短短半年左右的時間內，已經再娶繼室，並且生下孩兒，則未免超乎常理。故連帶將劇情改為只請出繼室，而沒有讓重生之子同時登場，並在【落梅風】的帶白之中言道：「兄弟也，當初我

---

6 《左傳》定公四年：「十一月庚午，二師陳于柏舉，楚師敗績。……庚辰，吳入郢。」（清嘉慶二十年重刊宋本，收錄於《十三經注疏》（六），卷第五十四，台北：新文豐出版公司，1977 年，頁 951。）定公五年：「九月，夫概王歸，自立也，以與王戰而敗，奔楚為堂谿氏。吳師敗楚師于雍澨，秦師又敗吳師，吳師居麇，子期將焚之，子西曰：『父兄親暴骨焉，不能收，又焚之，不可。』子期曰：『國亡矣，死者若有知也，可以歆舊祀，豈憚焚之？』焚之而又戰，吳師敗。又戰于公壻之谿，吳師大敗，吳子乃歸。」（卷第五十五，頁 958。）

棄了嫂嫂姪兒，留得你在，哥哥今日還有嫂嫂，少不的生下姪兒。」（冊一，頁10）明顯這個繼室尚未生子，當然沒有俠兒角色的出場安排。

雖然《元曲選》與明代宮廷本在全劇之出場人物數量上，並無有明顯的改動，然透過《楚昭公疎者下船》一劇刪減俠兒角色之觀察，則隱約可見兩階段版本在改編做法上的不同。明代宮廷本之重視場面熱鬧，不講究細節，與《元曲選》之重視合理順暢，在細節上儘量調整配合，實有其在情節發展觀念上的根本差異。

二、突顯人物形象與減少重複

而如以《元曲選》的人物形象改編而言，差異較大的應該也還是在《楚昭公疎者下船》一劇之上，其中如伍子胥、費無忌、羋旋、楚昭公夫人、梢公等，在人物形象上，皆有所調整。雖然在《元曲選》中，這些人物形象的改編幅度皆不算大，但其間息息相關，牽一髮而動全局，而這些更動究其由，皆可能與編者個人或當時普遍的思想觀念相互關連。

如其中對於伍子胥與費無忌形象的微調，應與突顯伍子胥的英雄形象，為賢者報冤的心態不無因果。關於伍子胥的形象，在元刊本中，原以伍子胥復仇為吳楚兩國交戰的主因，在唱詞中也透過楚昭王之口，對於伍子胥的英雄形象，多處提及，頗有讚揚。到了明代宮廷本，雖然保留了楚昭王對伍子胥在臨潼會上，以及對陣費無忌時的英勇描繪，不過卻將這場戰役的緣由，改成為劍而起，而且突顯孫武子的掛帥領

軍地位。這樣的改編，或許有其演出與現實上的考量，[7]但整體而言，伍子胥的地位在宮廷本之中，確實有所退縮。

　　但到了《元曲選》，伍子胥的地位與形象，則又重新獲得重視。在劇中可見，改編者似乎有意的藉劇中人之口稱頌伍子胥的英勇，或調換演出排場，突顯伍子胥地位。如在第一折中加入申包胥道：「那吳國孫武子深知兵法，又加以子胥之勇，俺國中無能勝之者。」並增【醉扶歸】一曲唱道：「你道是伍盟府能雄悍，孫武子又非凡。」（冊一，頁 3）在第二折中，也將宮廷本「孫武子、伍子胥、太宰嚭」一同上場後，由孫武子云：「某乃孫武子是也，今領兵征伐楚國，來至楚邦也，三軍擺開陣勢，遠遠的塵土起處，楚昭公敢待來也。」（初編六，頁 13）改由伍子胥領眾人上，並將內容大致相同的口白，令伍子胥說道，明顯是在突出伍子胥的地位。當戰爭展開後，又增加【小桃紅】【金焦葉】【天淨紗】三曲，藉楚昭公之口，將伍子胥在戰陣中所到皆捷的威風，

---

7 明代宮廷本所改編的索劍情節，最早見於東漢趙曄的《吳越春秋》一書，乃稗官野談，為正史所不錄，但此事流傳甚廣，到清代的《東周列國志》中，仍為採錄。其中錄有：「闔閭聞楚得湛盧之劍，因斯發怒，遂使孫武、伍胥、白喜伐楚。」之語，（見於漢・趙曄著，《吳越春秋・闔閭內傳第四》，臺北：世界書局，1979 年影印景明弘治覆元大德本，「闔閭三年」，頁 101。）可見在吳楚戰爭的故事中，以湛盧寶劍為起因之說，早在東漢時期便已流傳，並非明本無端增入。而這種廣泛採用民間傳說入戲的作法，不但套用便利，通常也可以得到觀眾的支持與認同，頗為明代伶工所習用，此中僅是一例。更何況元刊本直以子胥事開啟兩國戰端，雖然強調了子胥的復仇精神，但卻未必為人廣泛接受，因為若言吳王會為了遠來投誠、非親非故的伍子胥報一家之仇而攻楚，未免令人難以致信。故而，此說雖涉無稽，卻能安撫觀眾的心理，可以沒有掛礙的往下觀賞。而且這場戰役孫武子運籌帷幄，居功厥偉，以其掛帥印掌軍權，亦符合歷史的記錄。

與費無忌節節敗退的慘狀，對比的更加清楚。

並且在同劇中，一再藉由他人之口或對費無忌無知狂妄的描寫，來為英雄復仇。如在第一折中，藉由伯嚭之口道：「若是楚昭公用那費無忌老頭兒對陣，也不消伍相國費力，只我伯嚭身上，包殺的他尿流屁滾。」（冊一，頁 1）且在申包胥決定去秦借兵之際，由其向楚昭公重提：「若伍子胥領兵來時，休聽費無忌那短見，就要與他家廝殺，有誤大事。」（冊一，頁 4）而在宮廷本第二折一開始，費無忌便上場言及吳楚之戰，是為湛盧寶劍引起，在吳國方面則由伍子胥當先領兵，故而提及：「我想來我和他有殺父母之讎，正要與他耍一耍，我怕他怎麼那。」（初編六，頁 12）而《元曲選》中的費無忌，則並未提寶劍之事，只言道：「我想來，他的父兄尚然被我殺了，這一個逃走短命的弟子孩兒有甚本事？」（冊一，頁 4）藉此令費無忌自己招認他設計殺害伍子胥父兄之事。臨陣又加入其口白曰：「且與你鬥三百合耍子。」（冊一，頁 4）眼看要敗下陣來，又道：「你看這小畜生，好無禮也！全然不省的有個前輩後輩，則你那伍奢老頭兒，也還讓著我哩。」皆著意描繪其輕狂而無自知之明的嘴臉，這些改編，皆作者有意深化費無忌讒奸與無用的醜惡形象，可以看出改編者頗有為賢者報冤之意。這些小地方的改編，可說皆以伍子胥為中心，有襯托伍子胥的作用。

而臧懋循對於人物形象的改編，亦透露著他重視禮統或以之教化的觀念。如《相國寺公孫汗衫記》中的趙興孫一角，在元刊本中，原本趙興孫是一個犯罪之人，在押解途中遇到好心的張文秀夫婦予以救助，張文秀之妻並且與之認義，最

後報恩協助捉拿陳虎。到了宮廷本此人的形象，除了有更清楚的細節描繪之外，並沒有什麼改變，同樣是一個犯罪之人，同樣與張夫人結義，同樣最後落草為寇，並為張家擒賊報仇。

　　但到了《元曲選》，對於趙興孫的形象，便有了比較大的轉變。首先，它刪節了張文秀之妻認趙興孫為姪的情節，這個改編有可能是考量到認義情節之一再重複，前有張孝友認陳虎為兄弟，後又有張夫人認趙興孫為姪兒，未免繁複，故極可能因此遭到編者刪減。而真正對於趙興孫身分比較大的改變則是在末折之處。在元刊本與宮廷本中，趙興孫的再度出現，都是以強盜（即邦老）的身分，在宮廷本中曾透過趙興孫之口親自道出：

> 自離了俺姑夫姑姑哥哥嫂嫂過，日月好疾也，今經可由十八年光景也。我到於半路一枷稍打死解子，做了些不恰好的勾當，如今有些金珠財寶與我那大恩人報恩答義去。（初編五，頁44）

可見在離開之後，趙興孫又再度殺人，而其所謂「不恰好的勾當」應該是指打家劫舍之類的行為。他再度重遇張文秀夫婦，也是在準備對二人行搶之際。而這樣的角色設定，到了《元曲選》則作了相當程度上的修訂，將其離開之後的遭遇改成：

> 自從那日張員外家賚發了我的盤纏，迭配沙門島去。幸得彼處上司道我是個路見不平，拔刀相助的義士，屢次著我捕盜，有功加授巡檢之職。因為這里窩弓峪是個強盜出沒的淵藪，撥與我五百名官兵，把守這窩弓峪隘口，盤詰奸細，緝捕盜賊。（冊一，頁12）

　　令其搖身一變，成了站在強盜對立面的巡檢，其變易不可謂之不大，筆者以為，這樣的改編，可能源於臧懋循重視禮統的觀念。而同樣可以証明臧懋循此一思維的，尚有如第一章第三節所論述之《元曲選》在《楚昭公疎者下船》一劇中，對於芈旋、楚昭王夫人及梢公等相關情節的改編，亦可以反映出臧懋循努力讓這些人物的行為合乎禮統的作法。

　　但除了對於禮統與教化的重視之外，臧懋循在趙興孫的改編作法上，就人物形象的塑造而言，也是具有正面意義的。試想，若說張員外當初救了兩個人，一個拐帶了他的兒子媳婦，害他流落無依，另一個則殺人為盜，而且準備對他行搶，平心而論，這兩個人在本質上實在沒有太大的差別。《元曲選》的改編，讓這兩個人有了較大的區別，一善一惡的形象，也更能為人所接受。而原來在較早的版本中，趙興孫這一號人物，應是依照水滸故事報恩類型而創造（第一章第三節曾對此加以論述），故其身世遭遇、行為模式都可以按例套用，無須太多的思索與用心。這種個性化與類型化，也正是《元曲選》與宮廷本重要的差異之一，臧懋循還為此特地重新打造另類的上場詩句，可見其為了賦予人物嶄新形象所作的努力。[8]

---

[8] 關於《元曲選》改編上場詩之探討，筆者曾作〈元雜劇上場詩之階段性差異研究〉一文，整理其改編上場詩有個性化與形象化的傾向，並結論道：「《元曲選》此一改編手法，卻也大大降低之前版本眾口一腔、千人一面的缺點，使得上場詩的使用，更加貼近劇中人物情節，確實可以增添不少閱讀的樂趣。」相關討論請參見〈元雜劇上場詩之階段性差異研究〉一文。（高雄師範大學《國文學報》第十八期，2013年6月，頁105-130）

　　其他還有一些人物動作言談的微小更動，應該也是編者刻意突顯人物某些性格面向而作的調整。如《看錢奴買冤家債主》一劇，《元曲選》將陳德甫的最後形象，由宮廷本中的「還在他家（賈家）上些文曆」（初編六，頁27），改成「老夫一向在他家上些帳目，這幾年間精神老憊，只得辭了館，開著一個小小藥鋪。」（冊4，頁13）乾脆讓陳德甫辭館開藥鋪，這樣一來，原本「捨施這急心疼的藥，普濟貧人」（初編六，頁27）的善行，更加順理成章了，故而其中也能把這段話說得更深入人情：「施捨些急心疼的藥，雖則普濟貧人，然也有病好的酬謝我些藥錢，我老夫也不敢辭，好將來做藥本。」（冊4，頁13）讓行善的基礎更加穩固，甚至可以成為終身的志業，使得陳德甫在本劇中樂善好施的形象，更加突顯。

　　而《醉思鄉王粲登樓》第三折，在宮廷本中，原本王粲聽到使命宣詔之後，對許達道：「老兄之恩，異日必當重報。」（二編一，頁27）許達也在王粲離去後，說道：「王仲宣去了也，此一去必然為官。」表現出祝福期盼之意。但在《元曲選》中，王粲得到王命，高唱【煞尾】表明抱負之後，便「同使命下」。主人許達卻在王粲下場後，感嘆道：「那王仲宣別也不別，竟自去了。有這般傲慢的？可知荊王不肯用他！」（冊二，頁10）藉此突顯王粲從頭到尾，一貫的傲慢形象。但這樣的改編，也不免讓人感覺許達這一記回馬槍，來得有點突兀，顯得心胸狹小，反而有損許達「有四海之心，江湖之量」人稱「東道主」（二編一，頁17）的美名。但巧的是，《元曲選》此處恰好也將許達引述眾人稱其「四海之

心，江湖之量」的美譽，刻意簡化以「有此度量」（冊二，頁 7）四字帶過，不知臧懋循在作此改編時，是否即有此想而刻意弱化，以令前後文不嫌太過衝突，抑或只是湊巧，這便不得而知了。

　　《元曲選》許多修訂之處，除了顯示同樣有改編類型化人物形象的傾向之外，亦可見不少觀前顧後的作法，主要是儘量追求劇情之前後呼應，合乎情理，並符合其個人或時下對於禮義忠孝之觀念，有時甚至連一些小細節都不放過，這由以上諸多例子皆可印証。正因為臧懋循如此細膩的改編手法，為《元曲選》增添不少可讀性，使其成為一本經得起反覆賞玩的案頭之劇。

小　結

　　如前言所述，人物形象與情節發展之討論，乃一而二，二而一的相關探討，故本章研究人物形象改編的結果，與上一章所探索之情節發展，其改編緣由與手法，幾乎如出一轍，息息相關，可以互見。

　　由於元代刊鈔本之記錄簡略，加上其刊刻的目的所致，在人物形象的刻畫上，大多只有主唱腳色尚且清晰可見，現存的曲文與部分詳備的主唱賓白，對於主唱腳色的心理層次與外在形象，依然可以大致掌握。然而對於其他沒有曲文以供抒發，也沒有賓白可以敘述的人物，則元代刊鈔本中的記錄，則多半僅餘角色功能之展示，足以推動劇情，卻不足以提供更進一步的形象瞭解。

　　所以明代宮廷本的記錄，則除了完整我們對於元雜劇中主唱腳色的形象理解之外，最主要的貢獻，便是讓我們可以一一拼湊回元雜劇中其餘人物角色應有的形象，彌補我們對於此等人物形象想像不足的缺憾。而其中有不少饒富趣味的人物塑造模式，讓我們看到元雜劇打造人物的多種類型，足供後人引為演出的根柢，而為發揮創意的原型。元雜劇也是在此基礎之上，同中求異，逐漸發揮、變化，打造一個又一個膾炙人口的劇作，當中也不乏出人意表的發展，使人物形象更加多元與豐富，成就新的典型。另外，明代宮廷本雜劇在出場人物的數量，在可見的記錄中，明顯皆較元代刊鈔本多出許多，這與明代宮廷喜愛熱鬧的觀劇環境，應該有很大的關係，而其增加人物的作法，則仍然是以類型化為最主要的模式。但在多數劇本皆以增加角色為主要的改編方式的情形下，仍然可以發現一些人物遭到刪除，除了有些可能因為宮廷本末折草率的演出習性所導致之外，其中最引人注目的，即為「駕」之角色減少，推測這應與明初的演出禁令不無關連。

　　而如果說明代宮廷本的人物形象展示著類型化的創作模式，那麼《元曲選》的人物形象改編，則顯示著反類型化的創作傾向。更明確的說，《元曲選》的人物塑造，多多少少帶著其同中求異的改編意念，儘量在千人一面的人物形象中，多少為人物保留一些屬於個人化的氣質。故而在《元曲選》中，經常出現將重複或雷同的情節加以改編的動作，另外重寫的情節加以填補，更不辭辛勞的為人物打造新的上場詩，這些都可見其為使人物跳脫類型化所作的努力。另外，

在《元曲選》與前階段版本的人物增刪與改編的比較中，亦
可發現臧懋循講究合乎情理與禮義忠孝等觀念，並且在此等
原則之下，對於人物形象進行改編，並且力求前後一致，儘
量不留瑕疵，其改編手法之細膩，在所有的元雜劇版本中，
實在顯得特別突出。

第三章 元雜劇三階段版本之 腳色編排差異

關於戲曲的腳色問題，歷來有不少深入的探索，從王國維的《古劇腳色考》、徐扶明的《元代雜劇藝術》之「腳色」，到曾永義〈中國古典戲劇腳色概說〉等，都對戲曲腳色問題有精闢的分析論說，使人易於掌握其體製概要與來龍去脈，為後來研究元雜劇或其他戲曲腳色之重要理論基礎。

在這些基礎之上，後人接續針對戲曲之各行腳色發展，進行專門而獨立的研究，從生、旦、淨、末、丑等分門別類的討論，乃至於更細緻的腳色之分工情況，都有逐步而深入的探索。這些分析研究，對於各行腳色的獨特性與發展歷程，愈辯愈明，帶領後人一窺中國傳統戲曲腳色發展之豐富多元。

元雜劇是中國早期成熟的戲劇形態之一，其表演中對於各行腳色之運用，乃為戲曲腳色之不斷琢磨發展過程中，不可忽視的實踐場域，對於後來的戲曲腳色發展，更有著重要的示範效果，也存在著一定的影響力。然而，許多人對於元雜劇之腳色運用的認識，卻大多來自於《元曲選》的腳色編排，其間雖亦有引用其他文本的例子加以論述者，卻大多缺乏系統的辯證，對於元雜劇腳色的運用，仍存在著似是而非

的見解，無法有效釐清各種版本運用腳色的界限與其不同的意義。對此，解玉峰一系列關於元雜劇之研究，[1]曾對腳色運用的階段性問題，作過較為深入的探索，本文將以此為基礎，就七個劇本為範疇，辨明其中腳色於元雜劇中運用意義之變化。希望經由對於三個階段版本標註腳色方式的差異比較，探討其腳色運用的不同概念，釐清元雜劇腳色於元代舞台與明代舞台、場上與案頭之差異。

　　首先，筆者觀察三階段版本之腳色標註情況，發現元雜劇在提示演員說唱與動作時，其標註狀況大約可分為以下三類：一是腳色名稱，一是市井俗稱，另一則是人物專稱。這三類稱謂運用的多寡及其方式的不同，皆代表著各版本背後的戲劇環境，與其版本存在的意義，是為觀察三階段版本差異的重點之一。以下便依其變化情況記錄如【表 3-1】，以利於後續之分析討論：

---

1 如〈北雜劇〝外〞辨釋〉(《文獻季刊》，2000 年 1 月第 1 期，頁 155-161)、〈北雜劇〝沖末〞辨釋〉(《中華文史論叢》，2000 年第 62 輯，頁 233-242)、〈論臧懋循《元曲選》於元劇腳色之編改〉(《文學遺產》，2007 年第 3 期，頁 97-106)。

【表 3-1】三階段版本腳色扮演及其標示情況對照表[2]

劇目	元代刊鈔本			明代宮廷本			元曲選		
	腳色	俗稱（含扮相）	專稱（含人名）	腳色	俗稱（含扮相）	專稱（含人名）	腳色	俗稱（含扮相）	專稱（含人名）
楚昭王疏者下船				沖末		扮「吳姬光」	沖末		扮「吳王」
					卒子			卒子	
					孫武子		外		扮「孫武子」
		伍子胥			伍子胥		外		扮「伍子胥」
					太宰嚭		淨		扮「伯嚭」
		楚昭公	正末	正末		（楚昭公）	正末		扮「楚昭公」
		羋旋			羋旋		外		扮「羋旋」
					卒子			卒子	
					使命			使命	
		申包胥			申包胥		外		扮「申包胥」
			淨		「費無忌」		淨		扮「費無忌」
					龍神			龍神	
				淨	「鬼力」			鬼力	
		昭公妻		旦兒			旦兒		
		昭公子			倈兒			倈兒	
			淨		「梢公」		丑		扮「梢公」
					眾				
					秦昭公		外		扮「秦昭公」
					卒子				
					百里奚		外		扮「百里奚」
				淨	秦姬輦		淨		扮「秦姬輦」
		昭公再娶妻		二旦			二旦		
		昭公再生子			倈兒				
泰華山陳摶高臥	外			沖末（後稱外）		扮「趙大舍」	沖末		扮「趙大舍」
		駕			扮「駕」			（趙改扮）駕	
		某臣		淨		「鄭恩」	淨	（鄭恩扮）汝南王	扮「鄭恩」
	正末	「道」扮	（陳摶）	正末	「道」扮 扮「老丈」	（陳摶）	正末	「道」扮	陳摶
	外	使		外	扮「使臣」	（党繼恩）	外	扮「使臣」	（党繼恩）
					卒子			卒子	
					侍臣			侍臣	
		女色		色旦			色旦		
看錢奴買冤家債主	正末	「藍」扮 扮「莊老」	（周榮祖）	沖末扮 正末		（周榮祖）	正末		扮「周榮祖」
	旦兒			旦兒			旦兒		「張氏」
		倈兒	（長壽）		倈兒	（長壽）		倈兒	（長壽）
			聖帝（尊子）			靈派侯	外		扮「靈派侯」

2　本表之製作凡例為：劇本科介中曾用以提示動作表演者之名稱，皆加網底標註；科介提示中雖未註明俗稱或人名，但從內文中仍可以看出者，則括號內示之；科介、內文皆未明白顯示其俗稱或人名，但由曲文或其他文獻足以推測者，以新細明體淡字示之。

					鬼力			鬼力	
	淨		扮「賈弘義」	淨	賈仁扮「魂子」	扮「賈仁」	淨	賈仁扮「魂子」	扮「賈仁」
	正末	(披秉)	扮「增福神」	正末		扮「增福神」	正末		扮「增福神」
	外末		扮「陳德甫」		陳德甫		外		扮「陳德甫」
	外末	(給藥之人)		淨	「賣酒的」		淨	扮「店小二」	
	外旦	(賈弘義妻)			卜兒			卜兒	
	小末			小末			小末		扮「賈長壽」
		來興			興兒			興兒	
		廟官			廟官		淨	扮「廟祝」	
		神鬼卒子							
	外淨		(應為「淨」之誤)						
相國寺公孫汗衫記	正末	扮「員外」扮「都子」	(張文秀)	沖末扮正末		(張文秀)	正末		扮「張義」
		卜兒(趙氏)		淨	「卜兒」(趙氏)		淨	「卜兒」(趙氏)	
	外末				張孝友				張孝友
	外旦		(李氏)	旦兒		(李玉娥)	旦兒		(李玉娥)
					興兒			興兒	
					店小二		丑	扮「店小二」	
	淨		(陳虎)		邦老		淨	邦老	扮「陳虎」
		解子			解子			解子	
	外淨	扮「邦老」	「趙興孫」		趙興孫		外		扮「趙興孫」
					街坊			(內叫)	
	小末	扮「孤」		小末		(陳豹)	小末		(陳豹)
					傸兒			傸兒	
	外末	扮「相國寺長老」			長老		外	扮「長老」	
					雜當			雜當	
				外	扮「府尹」	(李忠)	外	扮「府尹」	(李志)
					祗從			祗從	
死生交范張雞黍[3]		卜兒(仲山之母)							
		駕							
	正末	扮「秀士」(戴秦巾)	(范巨卿)	沖末正末	扮「隱士」	(范巨卿)	正末		扮「范巨卿」
	外末		王仲略	淨	王仲略扮「官人」	「王仲略」	淨	王仲略扮「孤」	扮「王仲略」
	外末		孔仲山		孔仲山		沖末		扮「孔仲山」
	外末		張元伯		張元伯		(沖末)		張元伯
				外	扮「賣酒」		丑	扮「賣酒」	
			元伯之母	外	扮「卜兒」		老旦	扮「卜兒」	
					家童			家童	
				外扮旦兒	(元伯之妻)		旦兒		
					傸兒(元伯之子)			傸兒	
	外		第五倫		第五倫		外	扮「第五倫」	
					眾街坊			眾街坊	
					祗從			祗從	
張鼎	二外		李伯英	沖末	李彥實(李老)		沖末		扮「李彥實」
			李文鐸		李文道		淨		「李文道」

3　本劇元刊本「楔子」以後的科介提示缺漏，故筆者此處僅能就所見大
　約記錄。

劇目									
智勘 魔合羅	正末		（李德昌）	正末		（李德昌）	正末		扮「李德昌」
	旦		（劉玉娘）	旦		（劉玉娘）	旦		（劉玉娘）
				俫		（佛留）	俫		（佛留）
	外		高山	外		扮「高山」	外		扮「高山」
				淨	（河南府縣令）		淨	扮「孤」	
					張千			張千	
			王大						
					令史		丑	扮「令史」	
		孤		孤		扮「胡官人」	外	扮「府尹」	
					張千			張千	
	正末		（張鼎）	正末		扮「張鼎」	正末		扮「張鼎」
		眾、祗候			張千			張千	
醉思鄉 王粲 登樓	正末		（王粲）	正末		（王粲）	正末		扮「王仲宣」
		卜兒(王粲之母)		卜兒		（李氏）	老旦	扮「卜兒」	（李氏）
		駕							
		小二			店小二		丑	扮「店小二」	
	外		蔡邕	孤		扮「蔡邕」	外		扮「蔡邕」 （蔡相）
					從人			祗從	
	外		子建	沖末		扮「曹子建」	沖末		扮「曹子建」 （曹學士）
					卒			祗從	
	二淨			二淨		（蕭越蔡瑁）	二淨		扮「蕭越蔡瑁」
	外		蒲王	外		扮「蒲王」	外		扮「蒲王」
					眾			卒子	
	外			副末		扮「東道」	副末		扮「許達」
					小			從人	
		太保			使命		外	扮「使命」	
	旦兒		（蔡相之女）						

　　以本文所探討之七個劇目而論，若以一般所謂的腳色名義為依據，則其所標註的腳色名稱共有正末（或末）、外（或外末）、小末、沖末、副末、旦兒（或旦）、外旦、老旦、二旦、色旦、淨、外淨、丑等；以市井俗稱而言，則大約皆以人物的身分或職業稱之，在本文所討論的劇本中概有卒子、使命、龍神、鬼力、俫兒、興兒（來興）、梢公、眾、老丈、駕、侍臣、女色、汝南王、莊老、聖帝、靈派侯、卜兒、廟官（廟祝）、魂子、都子、店小二、邦老、解子、街坊、長老、雜當、府尹、祗從（從人）、小（隨從）、秀士、賣酒、家童、孤、張千、令史等稱；另外則是直接標註人物

專稱,指出單一、特定的人物代稱,如楚昭王、吳王、陳摶、周榮祖、張文秀、李德昌、張鼎、范巨卿、王粲、蔡相、蕭令史等。(名目繁多,請參考表列)

　　以下便依據這三種類型的稱謂,觀察元雜劇三個階段版本中之腳色運用及標註狀況,以瞭解元雜劇在流傳過程中,其腳色概念及運用情況之差異內涵。

第一節　元代刊鈔本之腳色編排概述

　　元代刊鈔本雜劇雖然省略了不少科白,但幸運的是,在其記錄的曲科白之前,多半依然可見其唱唸與動作的表演者提示,故在綜合其中多種現存的劇本之後,尚可窺探其運用腳色的大致狀況,提供我們做為瞭解元雜劇初始舞台腳色安排面貌的一手資料。

一、元代刊鈔本之腳色標註

　　以本文所探討之七個劇目而論,元代刊鈔本所標註的腳色共有正末(或末)、旦兒(或旦)、淨、外(或外末)、外旦、外淨、小末等七種,如以腳色類型而言,則包含末、旦、淨三種。其中正末、外末、小末皆屬末行,旦行有旦、外旦,淨行則有淨與外淨。

　　元代刊鈔本七劇所標註市井俗稱則有:駕、使、女色、莊老、俠兒、聖帝(尊子)、來興、神鬼卒子、員外、都子、

卜兒、解子、邦老、孤、長老、秀士、眾、祗候、小二、太保等。這類標註市井俗稱的提示，在元代刊鈔本中，除了以主唱腳色扮演者會以「正末（或正旦）扮○○」的方式標註之外，如《看錢奴買冤家債主》的「正末扮莊老」、《相國寺公孫汗衫記》的「正末扮員外」、「正末扮都子」，及《死生交范張雞黍》的「正末扮秀士」等，其餘則經常單獨標示，對於需用何種腳色扮演此一身分者，多半不另外加以註明，如《泰華山陳摶高臥》的駕與女色、《看錢奴買冤家債主》的倈兒、聖帝、來興與神鬼卒子、《相國寺公孫汗衫記》的卜兒與解子、《死生交范張雞黍》的卜兒與駕、《張鼎智勘魔合羅》的王大、孤、眾與祗候、《醉思鄉王粲登樓》的卜兒、駕、小二與太保等。

　　但對於人物專稱之運用，則多半標註以某一腳色扮演，或與某一腳色（多為「外」腳）交互提示，使觀者可以得知此人物在劇中需以何種腳色扮演。前者如《死生交范張雞黍》中之孔仲山、張元伯，皆曾註明以「外末」扮演，隨後則單獨以仲山、元伯提示表演動作者；後者如《張鼎智勘魔合羅》之李伯英、李文鐸及高山等、《醉思鄉王粲登樓》之蔡邕及子建，亦於劇中雖未說明以「外」或「外末」扮演，但在文中卻與「外」之表演者提示交織出現，可知這些人物在劇中皆以「外」扮演之。

　　相對於「外」或「外末」之經常與人名相參差的標註方式，在元代刊鈔本中，以正末、小末、正旦、旦、外旦、淨、外淨等腳色作為表演者的提示，則多半從頭至尾未曾改變，除了有些劇本會在腳色出現之初標註扮飾何人之外，其他重

複出現者，則直接以腳色名稱提示，極少改以人名提示。這種分別，似乎透露著「外」或「外末」的腳色運用意義，與他行腳色不同。

　　整體而言，元代刊鈔本的標註方式，略顯紊亂，但在紊亂中亦似乎有其固定的思路與表現方式。在元代刊鈔本雜劇中，多半能指示「（腳色）扮（市井俗稱或人物專稱）」，如正末扮員外、正末扮秀士、淨扮賈弘義、外末扮陳德甫等，也有不少從頭到尾僅以「腳色」或「俗稱」指示唱念動作者，如正末、外末、淨、旦，或卜兒、孤、倈兒、駕等，其中「正末」後來多半簡稱「末」，「外末」則簡稱「外」。而通常以人物專稱來作為唱念動作之表演者的，則經常在劇本的某處透露其以「外」扮的跡象，如孔仲山、張元伯、李伯英、李文鐸、高山、蔡邕及子建等，這些都隱隱約約透露著這個時期的劇場工作者，對於腳色運用的態度。以上整理元代刊鈔本雜劇所見，暫此陳列，待說明元代刊鈔本之腳色運用狀況後，綜合討論之。

　　另外，值得注意的是，在元代刊鈔本雜劇中，在標註表演者的同時，有時也會提示演員「妝扮」，如《泰華山陳摶高臥》中的「正末『道』扮」（陳摶）、《看錢奴買冤家債主》中的「正末『披秉扮』增福神」、「正末『藍』扮」（周榮祖）、《死生交范張雞黍》中的「正末扮秀士『戴秦巾』」（范巨卿）等，而這種標註情況，多半出現在主唱腳色的提示之上，可見戲曲中所謂「寧穿破不穿錯」的觀念，在元代演出雜劇表演之時，便已隱約存在於「主唱腳色」的扮飾之上了。

二、元代刊鈔本之腳色運用

　　由以上分類情況可以看出，此時元雜劇的腳色編排尚處於簡單階段，甚或出現混亂的現象。

　　其中以「正末」扮飾末本中主唱腳色，是元代刊鈔本雜劇中，最為確定的腳色分派方式，各本中概無差誤，如：《泰華山陳摶高臥》之陳摶、《相國寺公孫汗衫記》之張文秀、《死生交范張雞黍》之范巨卿、《醉思鄉王粲登樓》之王粲，《楚昭王疏者下船》一劇雖未標註，但可想而知必由正末扮飾楚昭王。其中比較特別的是《看錢奴買冤家債主》之正末，一開始是「披秉扮增福神」，增福神退場後不再出現，第二折以後正末則「藍扮」周榮祖；而《張鼎智勘魔合羅》之正末，則分別在楔子與第一、二折中扮飾李德昌，而李德昌在第二折末為李文鐸害死，不再出場，故第三、四折後，正末則扮演張鼎。可見只要在場上時間不重疊，主唱是可以改扮不同人物的，這是元雜劇發展之初便有的腳色安排。而由其正末所扮演的人物類型中亦可見，「正末」腳色扮演的意義，重點乃在於其主唱地位的突顯，與人物類型、妝扮模樣皆無直接的關連。

　　而在各本中，正末第二次出現時，有些仍稱「正末」，如《看錢奴買冤家債主》、《相國寺公孫汗衫記》二劇，有些則簡稱「末」，如《泰華山陳摶高臥》、《張鼎智勘魔合羅》、《醉思鄉王粲登樓》三劇，其餘標示不明者暫且不論。可見在元刊雜劇的末本中，「末」即代表「正末」，而且除

了「正末」的腳色之外,亦未見其他腳色簡稱「末」者,這種標註方式應為此一時期,約定俗成的共識。

至於劇本中其他男性的角色,大多以「外末」稱之,有時則簡稱「外」。如《看錢奴買冤家債主》的陳德甫、《相國寺公孫汗衫記》的相國寺長老等,皆曾明白標示為「外末扮陳德甫」、「外末扮相國寺長老」,也有些可從前後文的對比中得知《泰華山陳摶高臥》中未稱帝前的趙匡胤(可能包含鄭恩)、《相國寺公孫汗衫記》的張孝友等,皆是以「外」或「外末」替代為表演者之提示。而《張鼎智勘魔合羅》的李伯英、李文鐸與高山、《醉思鄉王粲登樓》的蔡邕、子建與荊王、《死生交范張雞黍》的張元伯、王仲略與孔仲山等,在劇中皆是以人物專稱與「外」或「外末」的腳色名稱,交互為用,參差的出現於劇本之中。在元代刊鈔本雜劇中,「外」或「外末」之腳色名稱使用,可說是此期最為頻繁的一個。但至於這一行「腳色」是否成立,或其「腳色」的意義為何,其實仍有很大的討論空間。

元代夏伯和《青樓集誌》曾載道:

> 雜劇則有旦、末,旦本女人為之,名妝旦色;末本男子為之,名末泥。其餘供觀者,悉為之外腳。[4]

此說依稀可見,「外」腳在元雜劇中,可能包含人物類型之廣泛。以上述元代刊鈔本中所扮演之人物分析,有年長的相國寺長老、李伯英及蔡邕,也有少壯的張孝友、子建,及張元伯、孔仲山;有官高如相國之蔡邕、荊王之劉表,也

---

4 夏伯和著,〈青樓集誌‧提要〉,收錄於《歷代詩史長編二輯》第二冊,台北:鼎文書局,1974 年,頁 7。

有低卑如賣酒之陳德甫、貨郎之高山；有書生如張元伯、孔仲山，也有武將如未稱帝之趙匡胤（或含鄭恩）。可見元刊時期的外腳，既不像「正末」在劇中有著特殊的主唱地位，亦未如明代傳奇，賦予它明確的腳色定位，專門用來指稱年紀較長，且性格溫厚的男性角色。

　　洛地先生曾作〈〝一正眾外〞〝一角眾腳〞── 元雜劇非腳色制〉一文，認為元雜劇中，除了主唱的正末或正旦之外，其餘都是「外」腳，而且對一個戲班或一齣戲而言，其中的正末與正旦，也極可能為同一人所扮演。也就是說，這個一正之「正」，真的只有一個，不論劇中是否同時存在著正末與正旦兩個主唱的腳色，這個一正的「正」也只是同一個演員，其餘都只是外腳，真正的主角只有一個。[5]

　　此一論述，見解突出，十分具有啟發性與參考價值，讓我們對於當時戲班的存在狀況與演出內涵，都有了更精確描繪的可能，「元雜劇非腳色制」的推論，極可能是曾經存在的事實。而本文上述所引元代刊鈔本雜劇中，在主唱腳色的扮飾上特別重視，有類似於「寧穿破不穿錯」的觀念，亦可見當時對於此行腳色之重視，彷彿可以呼應此論。依此觀察，如若推論主唱之正末或正旦，為元雜劇中最早成熟的一行腳色，應該接近於實際之腳色發展歷史。元雜劇可能在漫長的發展過程中，確實存在過「一正眾外」或「一角眾腳」的情況，或者說這種「一正眾外」、「一角眾腳」的情況，一直與其他腳色發展狀況，並存於同一時期之不同戲班之中。

---

5 洛地著，〈〝一正眾外〞〝一角眾腳〞── 元雜劇非腳色制〉，《戲劇藝術》，1984 年第 3 期，頁 79-88。

　　但如謂元雜劇漫長的發展過程中，只有這一種情況，則恐怕定論太早，值得商榷。這一點我們由另一個角度觀看便可以發現，即使洛地先生的推論可信，元雜劇之搬演，不以「腳色制」作為基礎，其演員上場不必然得以腳色的符號意義來扮飾人物，但其推論的過程，卻並未全盤推翻雜劇在元代演出之際，便已初具腳色概念，且實際作用於元雜劇的演員工作分派之上的可能性。而這種對於腳色的概念，並不僅止於主唱腳色（正末或正旦），關於「淨」、「旦」等腳色，在元雜劇演出之際，可能也已經具有初步的概念。以下便試將上表陳列元代刊鈔本之使用「淨」腳與「旦」腳的狀況，略作分析討論。

　　以淨腳之使用而言，【表 3-1】所列已隱約出現以之扮演形象奸惡或性格剛烈角色的現象，而不僅是將之歸類為「正末」之外的腳色，簡化的統稱「外末」或「外」而已。如在上表中，曾經明白標示為淨扮演的腳色有：《看錢奴買冤家債主》的賈弘義、《相國寺公孫汗衫記》的陳虎、《醉思鄉王粲登樓》的荊王之臣（應即蒯越與蔡瑁）等，而且如果劇中有二個以上此類特性的角色，有時也會額外標註以「外淨」扮演，如《相國寺公孫汗衫記》的趙興孫，而且這個「外淨」，在劇中亦未曾以「外」簡化稱之，與「外末」經常簡稱「外」的情況不同。可見淨腳在元代刊鈔本雜劇中的使用，已具有特殊屬性，凡在其中被標註為「淨」或「外淨」的腳色，必然屬於形象奸惡或性格剛烈等類型之人物。而元雜劇「淨」腳之特殊屬性，則應該與其乃由參軍戲之「參軍」腳色演變而來的背景，密切相關。

　　徐渭《南詞敘錄》曾道：「淨，此字不可解。……予意：即古『參軍』二字，合而訛之耳。」[6]王國維《古劇腳色考》亦云：「余疑淨即參軍之促音，參與淨為雙聲，軍與淨似疊韻。」[7]其餘如朱權《太和正音譜》、姚燮《今樂考証》等皆曾對此發表意見，曾永義教授則結論道：「學者對於『淨』的解釋儘管有所不同，但都一致認為是古之參軍。」[8]故可知「淨」之由「參軍」演變而來，為多數學者所認同。

　　曾教授另外在〈參軍戲及其演化之探討〉一文中亦曾結論道：

　　　「參軍戲」是上承漢代角觝遺風所發展出來的宮廷優戲。……唐代以前以戲弄贓官為主要內容，唐代以後因參軍官多以名族子弟充任，因之戲中不再扮飾贓官，而發展為「假官戲」，……臉面可以「俊扮」，也可以「墨塗」，大概是依所扮人物而定。……唐代的「參軍」在戲中最多只充作被調謔的對象，被戲侮的情況則沒有。[9]

　　雖然隨著時代的變遷，「參軍」腳色的演出意義上有些調整與變化，但基本的類型依舊存在，而且從中可知，「淨」之腳色由來古老，其為元雜劇所沿用，亦顯得理所當然。

6　徐渭著，《南詞敘錄》，收錄於《歷代詩史長編二輯》第三冊，台北：鼎文書局，1974 年，頁 245。
7　王國維著，《古劇腳色考》，收錄於《王國維戲曲論文集》，台北：里仁書局，1993 年，頁 265。
8　曾永義著，《說俗文學》〈中國古典戲劇腳色概說〉，台北：聯經出版社，1984 年，頁 247。
9　曾永義著，《參軍戲與元雜劇》〈參軍戲及其演化之探討〉，台北：聯經出版社，頁 25。

　　可見，「淨」之作為一行腳色而存在於元雜劇之中，應該是極有可能的事實。只是此期淨腳的使用並未十分固定，腳色之使用，仍然有其模糊的空間，如《張鼎智勘魔合羅》的李文鐸及《死生交范張雞黍》的王仲略，都是形象奸惡的反面角色，但在元刊本中皆仍標示以「外」及「外末」扮飾之，而未以更符合其特性的「淨」腳扮演。

　　以旦腳而言，在元雜劇中旦腳的扮飾上，通常屬於劇中戲份最重或與正末搭配的年輕女性角色，元代刊鈔本則大多標示以「旦」或「旦兒」扮演，如《看錢奴買冤家債主》的周榮祖之妻、《張鼎智勘魔合羅》的劉玉娘、《醉思鄉王粲登樓》的蔡邕之女（王粲之未婚妻子），而其他旦腳以外的女性角色，則多稱「外旦」，如《看錢奴買冤家債主》的賈弘義之妻、《相國寺公孫汗衫記》的李氏。另外，曾出現於元刊本的旦腳類型尚有正旦、老旦及小旦三種，但由於本文所探討的七個劇目皆為末本，故列表中未見標示為「正旦」之腳色，而老旦與小旦兩種腳色，則亦偶見於其他元刊本之中，分別扮飾年老的婦人及較旦腳年紀小的女性，可見此時旦腳亦似乎已有以年紀區分腳色類型的現象，故《相國寺公孫汗衫記》中的正末張文秀之妻，由於年紀較長，非以「旦」或「旦兒」扮飾，而改以與「老旦」相當之俗稱「卜兒」扮演，其考慮因素或許與劇中人物之年紀有關。

　　但是「旦」這個腳色名稱，是否在元雜劇演出之初已儼然為一行正式的行當，這一點仍是值得懷疑的。關於「旦」之腳色，曾永義教授曾道：「『旦』的名義最為費解，故釋

旦之說亦最為紛紛然。」[10]故詳考古籍，逐一分析，從朱權《太和正音譜》、翟灝《通俗編》及俗文學的一些資料中，得出「『姐』可作妓女之稱無疑」的結論。並推論：

> 「姐」之演變為「旦」，可能有兩個線索，一是訛作「妲」，再省為「旦」；一是省作「且」，再訛作「旦」。[11]

又引用戲曲中諸多資料，探索其訛誤的痕迹。最後得到「旦」之名稱在宋，「已不專指妓女，而延伸為婦女之稱。」的結論，緊接著引用元刊雜劇的例子：

> 元刊雜劇三十種鄭廷玉冤家債主次折「正末藍扮同旦兒俫兒俫上」，且兒（即旦兒）、俫兒並列，當為俗稱非腳色名，此即指周榮祖（正末扮）妻張氏，亦為婦女之義，猶如俫兒指周子長壽，為孩童之義。[12]

認為「旦兒」一詞，剛開始出現在元雜劇中，其意多半近於世俗所謂婦女之稱，需直至發展為「旦」之後「才成為定型的腳色專稱」[13]。可見「旦」腳的發展過程極為複雜，幸得曾永義教授旁徵博引，條分縷析，方得逐步釐清。

以此論述為基礎，觀察元代刊鈔本雜劇之使用「旦」腳的情況，便容易看出端倪了。在元代刊鈔本中，對於「旦」的運用，經常是同一人物前作「旦兒」後省為「旦」，或前作「旦」後衍為「旦兒」，使用「旦兒」之詞又略多於使用「旦」之詞。而且，由上表所陳列之資料亦可發現，在本文

---

10 同註 8，頁 240。
11 同註 8，頁 241。
12 同註 8，頁 242。
13 同註 8，頁 245。

所探討的七部元代刊鈔本雜劇中，從未以「旦」或「旦兒」扮飾任何屬於「市井俗稱」或「人物專稱」的標註方式（即標註以「旦（或旦兒）扮○○」），多半只稱「旦兒」或「旦」直接出場，和一般市井俗稱出現在劇本中的情況一樣。甚至擴大到所有元代刊鈔本雜劇之中，也僅見《詐妮子調風月》一劇，有「正旦扮侍妾」[14]的提示。可見，此一時期「旦」之名稱使用，除了「主唱」的「正旦」之外，[15]其餘之「正旦」、「旦」、「旦兒」、「小旦」、「老旦」等，都可能還是介於俗稱與腳色之間，尚未成為嚴格定義的腳色名稱。

　　另外，在元刊本中，針對年紀較輕的男性人物，劇本中通常也會以「小末」的腳色名稱標註其扮演情況，如《看錢奴買冤家債主》中的賈長壽、《相國寺公孫汗衫記》中的張孝友之子。值得注意的是，在各本之中，均未曾以「外」或「外末」來標示此類腳色，也鮮少以「小末」來扮演年紀較長的男性。[16]這種現象透露出，在元代刊鈔本中，「小末」的腳色意義，與「外末」可能已經略有分別。

　　除了上列涉及後世定義之腳色名稱所提示的表演者之外，其餘表演者標註則多半以市井俗稱名之，以示職業或身分。如《死生交范張雞黍》與《醉思鄉王粲登樓》之駕與卜兒、《看錢奴買冤家債主》之俫兒、《張鼎智勘魔合羅》之孤、《醉思鄉王粲登樓》之小二、《泰華山陳摶高臥》之使

14　關漢卿著，《詐妮子調風月》，收錄於《全元雜劇》初編一。
15　根據洛地先生〈〝一正眾外〞〝一角眾腳〞 —— 元雜劇非腳色制〉一文，另有「非主唱」的「正旦」，其腳色意義仍屬於「外」。
16　僅見於《散家財天賜老生兒》中，似以「小末」扮演「張郎」，應是例外或訛誤。

命與女色等。另外如《看錢奴買冤家債主》之來興，雖然標註以人名，但這類名稱已經成為戲劇中奴僕角色的別稱，如同它劇之以「梅香」稱丫環、以「張千」稱隨從一般，亦屬於特定類型的人物。

　　以上這些市井俗稱，可能都是在戲劇腳色分化尚未十分精細之前，類似於「腳色」的扮演類型，元鵬飛在〈〝腳色〞與〝雜劇色〞辨析〉一文中，則稱之為「準腳色」、「前腳色」或「泛腳色」：

> 金元雜劇中則有許多難以被視為腳色的類型化人物，而通過結合參軍、蒼鶻的名稱及其程式化的演出特點可以看出，這類〝準腳色〞是淵源有自的，則蒼鶻、參軍可以被看作是戲曲走向成熟之前的〝前腳色〞，是參軍戲演出中的〝角色〞而非〝腳色〞，此後隨著參軍戲演出模式的固定化、程式化成為了具有類型化特徵的〝角色〞，可稱作〝前腳色〞或〝準腳色〞，和金元雜劇中的卜兒、邦老等極為類似。戲曲藝術形成後，其他受戲曲藝術影響走向舞臺扮演的伎藝演出活動中，也廣泛地存在著這類可以轉變為行當化的人物類型，也正是由於他們的存在與滋養，才有戲曲藝術及其腳色制度的演變與發展，所以我們應該把它們統稱為〝泛腳色〞。[17]

　　這樣的稱謂，與中國傳統戲曲運用「腳色」的歷程，概可相吻合，以元代刊鈔本人物扮飾的標註情況觀之，亦頗具

---

17 元鵬飛著，〈〝腳色〞與〝雜劇色〞辨析〉，《戲劇藝術》，2009年第4期，頁17。

有說服力。

其他還有一類人物，同樣僅以市井俗稱標註，但表演更加簡單，甚至可能只有走位，沒有台詞，如《相國寺公孫汗衫記》的解子、《看錢奴買冤家債主》的神鬼卒子、《張鼎智勘魔合羅》的眾等，其中也可能有不少是完全被略而未註的，其表演的地位概相當於後來戲劇中的「雜」，在元雜劇中不具腳色意義，此處暫且不表。

故此可見，在元代刊鈔本時期的元雜劇，腳色的分類，雖然仍顯得不夠成熟，標註亦顯得混亂，但對於主唱腳色運用之頻繁與固定，及其所顯示的扮飾與唱做方式，皆已有所重視，可見其逐漸琢磨成型之腳色典範。而在淨行與旦行的運用上，元代刊鈔本標註的人物類型，則能顯示其大致分班的概況，可見元代演出雜劇的劇團，雖然不見得能依此腳色確實分工，但應已粗具淨、旦之類型概念，並在可能的情況下，安排合適的演出。

第二節　明代宮廷本腳色編排之重整與改訂

在探索元雜劇的過程中已逐漸確認，明代宮廷本是一種曾經存在於明代舞台之演出版本，其所有改編的內容，大多不出其追求適於明代舞台的目的。故此可知，明代宮廷本對於腳色的運用，也應該是在承接元代雜劇之腳色運用後，考

量如何適應明代舞台與觀眾需求，進而逐一調整。研究其調整的內容與結果，對於釐清明代元雜劇演出的實際腳色概念，必然能夠有所助益，以下便一一分析討論之。

一、明代宮廷本之腳色標註

　　明代宮廷本由於科白記錄完整，相對的在動作表演者的標註上，亦較元代刊鈔本清楚完整得多，至少讓人對於領起以下動作的表演者，皆可以清楚的掌握。而其標註表演者的方式，仍與元代刊鈔本一樣，同時存在著以腳色名稱、市井俗稱，及人物專稱等三種型態。只是標註的使用比例與名稱的意涵，與元代刊鈔本略有差異。

　　在腳色名稱的使用上，明代宮廷本在七部劇作中，共使用了：沖末、正末（或末）、外、小末、副末、淨、旦（或旦兒）、二旦、色旦等九種。特別的是，在明代宮廷本中，幾乎沒有使用「外末」的名稱，而是直接以「外」稱之，並且有「外扮卜兒」、「外扮旦兒」，在《死生交范張雞黍》中分別飾演張元伯之母親與妻子。另外，也有不少以「沖末扮正末」的作法，如《看錢奴買冤家債主》的周榮祖、《相國寺公孫汗衫記》的張文秀，及《死生交范張雞黍》的范巨卿。

　　而宮廷本七劇之中使用的市井俗稱則有：卒子、使命、鬼力、俫兒、稍（梢）公、眾、駕、老丈、侍臣、賣酒的、卜兒、興兒、廟官、店小二、邦老、解子、街坊、長老、雜當、府尹、祗從、家童、張千、令史、孤、從人等。在宮廷本中，同樣未見以「□□（腳色名稱）扮○○（市井俗稱）」

的現象，反倒有以「孤」扮演人物專稱的情況，如《張孔目智勘魔合羅》中有「孤扮胡官人」、《醉思鄉王粲登樓》中有「孤扮蔡邕」。

　　另外，宮廷本在七劇之中所使用的人物專稱也不少，如：吳姬光、孫武子、伍子胥、太宰嚭、趙大舍、鄭恩、陳德甫、張孝友、張元伯、李文道、高山、蔡邕、曹子建等人名。特別的是，宮廷本在許多人物專稱上，已不再註明「外扮」，而是直接以人名或特定稱謂出現，也沒有元代刊鈔本在同一人物的標註上，忽而稱「外」，忽而稱「名」等夾雜混亂現象，在劇本上明白的呈現動作表演者之專一性。

　　而宮廷本在標註動作表演者的提示上，減少了元代刊鈔本對正末妝扮的描述，這應該與明代宮廷本附有「穿關」的情況有關。由於明代宮廷本大多出自於內府或教坊，[18]而現存明代宮廷本雜劇，只要是註明為內府本或趙琦美曾以內府本校對過的版本，皆保留了「穿關」的附錄。附錄中載明各折出現演員的妝扮，包含帽子、頭巾、衣服、腰巾、裙子、鞋子、鬍鬚等，具細靡遺，十分清楚，甚至同一演員，再次上場時如有身分上的轉變，也會依照其不同處境重新描繪。如此做法，不但免除了劇本中穿插提示之繁雜，也能留下更

---

18 孫楷第曾考訂：「此七書除李開先《改定元賢傳奇》外，余皆親見其書，曾一一讎校。以余所考，除臧懋循《元曲選》不依原文，改訂太多，孟稱舜《柳枝》《殘江》二集，出入於原文及懋循本之間，此二書應別論外，其餘五書，勘其文皆大同小異，知同出一源。其所底本今雖不能盡知，然余意當直接間接自明內府或教坊本出。明內府本曲與教坊本同，故亦可云自明內府本出。」（《也是園古雜劇考》，上海：上雜出版社，1953年，頁150。）

清楚的扮飾資料。

　　如《看錢奴買冤家債主》中的周榮祖，在元代刊鈔本第一次出場時，曾註明「藍扮」，對照內府本，即有「一字巾、補納直身、縧兒、三髭髯」等穿關提示，讓我們清楚看到，所謂「藍扮」之周榮祖，乃一身落魄的窮民狀態。而其於元代刊鈔本第二次上場時，標註的「扮莊老」，內府本則附有「氈帽、補納直身、縧兒、白髮、白髯、拄杖」的穿關，對照於第一次的出場，除了依然落魄的穿著「補納直身」之外，「白髮、白髯、拄杖」更顯示其「老」的身分，而「披秉」的增福神，則以「展角幞頭、紅襴、偏帶、三髭髯、笏」等行頭妝扮，顯示其神仙的身分。可見內府本的「穿關」記錄，多能吻合元代刊鈔本對於人物扮飾的描述，為後人留下可貴的戲曲服飾資料，是今人研究元明雜劇服飾的重要文獻。而這些清楚的「穿關」記錄，更說明了明代內府本，確實是準備用來搬上舞台的元雜劇版本。

二、明代宮廷本之腳色運用

　　在腳色的標註上，宮廷本在七個劇目中所使用的腳色共有沖末、正末（或末）、外、小末、副末、淨、旦（或旦兒）、二旦、色旦等九種，較元代刊鈔本多了沖末、副末、二旦、色旦等四種腳色，少了外淨、外旦兩種腳色，「外末」則省稱為「外」。但其實宮廷本的二旦與元代刊鈔本的外旦相當，第二位淨腳的使用也相當於元代刊鈔本的外淨，在使用腳色的類型上，較元代刊鈔本並未減少，色旦之使用，亦未必較

元代刊鈔本之「色女」更具腳色精緻意義（將於後文辨明）。
而明代宮廷本其所多出的沖末與副末，在腳色使用的意義
上，則是比較值得注意的地方。

　　沖末這個名詞，未見於元代刊鈔本雜劇，但在宮廷本中
卻屢見不鮮。以本文所探討的七個劇目而言，其所存宮廷本
皆有沖末腳色的出現。在《楚昭公疎者下船》中有「沖末扮
吳姬光」、《西華山陳摶高臥》中有「沖末扮趙大舍」、《看
錢奴買冤家債主》中有「沖末扮正末」（即周榮祖）、《相
國寺公孫汗衫記》中有「沖末扮正末」（即張文秀）、《死
生交范張雞黍》中有「沖末正末」（即范巨卿）、《張孔目
智勘魔合羅》中有「沖末李彥實」等，這幾個劇本，沖末所
扮演的都是全劇第一個出場的人物，唯有《醉思鄉王粲登樓》
一劇之沖末，出現在第一折的中間，前面還有「楔子」，扮
飾的人物是曹子建。

　　關於「沖末」的腳色意義，王國維《古劇腳色考》曾謂：

　　　正末、副末之外，有沖末、小末，而小末又名二末，……
　　　然則曰沖、曰外、曰貼，均係一義，謂於正色之外，
　　　又加某色以充之也。[19]

　　以「沖末」為正末之外附加的腳色。後來則大多沿續王
國維之說，如周貽白道：「〝沖末〞之為〝沖〞，當為〝充〞
之偽寫。」[20]青木正兒道：「副末、沖末、外末、副旦、貼
旦、外旦，都是副演員。」[21]基本上都是把「沖末」視為劇

---

19 同註 7，頁 271。
20 周貽白著，《中國戲劇史長編》，上海：上海書店，2004 年，頁 217。
21 青木正兒著，《元人雜劇序說》，台北：長安出版社，1981 年，頁 31。

中的一行腳色，其腳色定位與副末、外末等無別。

　　對於這類說法，解玉峰認為乃由於他們所依據的版本多為《元曲選》所致。但事實上，「沖末」之腳色出現在明代宮廷本與出現在《元曲選》，幾乎是完全不同的兩種樣貌。至於「沖末」之出現於《元曲選》的情況，乃關於《元曲選》之改編，且待下節討論，此處先探討明代宮廷本運用「沖末」名稱之概況及其可能意義。

　　以上述七劇之中的例子而言，「沖末」所扮演者有「正末」及吳姬光、趙大舍等。其中趙大舍的腳色後逕稱「外」，吳姬光的腳色意義如前所述，亦大抵類似於「外」，而這種情況在明代宮廷本屢見不鮮，故如僅以此觀之，「沖末」之腳色意義，果然如同前人所云，乃「正末」之外「充任」的腳色，與「副末、外末」等差別無多。

　　但如【表 3-1】所示，宮廷本中也曾多次出現「沖末扮正末」的情況，而且出現此一提示之後，這個由「沖末」扮演的「正末」，仍然以「正末」（或末）的腳色提示出現，與不以「沖末」扮演的「正末」提示情況一般。這種特別提示以「沖末扮正末」的腳色扮飾內涵究竟為何，著實令人費解。

　　有關於此，黃天驥〈從〝引戲〞到〝沖末〞──戲曲文物、文獻參証之一得〉及解玉峰〈北雜劇〝沖末〞辨釋〉兩篇文章，都曾經作過較為深入的探索。兩人在文章中皆於分析前人的記錄之後，認為「沖末」之「沖」應為「沖場」之「沖」的說法，所以對「沖末」提出了如下的釋義，黃天驥云：

　　　〝沖場〞不等於急急忙忙地沖上場，而是第一個登場、開場。……元劇中的〝沖〞，很可能是人們吸取了宋

金雜劇〝沖撞引首〞的套路，用於開場表演，使之成為特定程式。而〝沖末〞，則是掌握了開場程式伎藝的男演員。[22]

解玉峰則道：

〝沖末〞中〝沖〞的含義，應當是從〝沖撞引首〞而來的。南戲、傳奇的表演中，總有一個戲外之人 ── 〝副末〞來開場，雜劇的演出，也需要一個戲外之人 ── 〝沖末〞來開場。南戲、傳奇〝副末〞在行使開場之職時並非角色，雜劇的〝沖末〞在引起開場時也並非角色。[23]

基本上，兩人對於「沖末」的腳色使用，觀念大致相近，皆以其為元雜劇的開場腳色。但對於這個「沖末」的腳色是否為男演員，解玉峰則認為：

雜劇開場以扮演男的〝末〞為多，所以〝沖末〞的稱謂也便逐漸固定下來。但在實際演出中，〝旦〞類、〝淨〞類的角色也可以行使開場之職，成為〝沖末〞的。[24]

從明代宮廷本的記錄中，的確屢屢出現「沖末（扮）大旦」（《兒女團圓》）、「沖末淨扮」（《望江亭》）、「沖末（扮）卜兒」（《竇娥冤》）等情況，以沖末扮演女性角色，也是曾經存在之事實，而非黃天驥所謂「從來沒有沖旦的名目」[25]一句可以含括。

---

22 黃天驥著，〈從〝引戲〞到〝沖末〞 ── 戲曲文物、文獻參証之一得〉，《傳統文化與現代化》，1998年第5期，頁54-61。
23 解玉峰著，〈北雜劇〝沖末〞辨釋〉，頁236。
24 同註23，頁237。
25 同註22，頁58。

關於開場表演，黃天驥則是根據《輟耕錄》及《西廂記》等資料，推論應為「能唱能舞能演能開打」等沖場伎藝。黃天驥論道：

> 又據《輟耕錄》載，宋金院本有所謂〝沖撞引首〞，其中開列了曲調名、舞名，以及一些與語言伎藝表演有關的要求。至於〝引首〞，當指開場時的介紹，這從弘治本《西廂記》卷前出現〝崔張引首〞，以套曲概括劇情可証。……換言之，沖末是掌握了沖場的伎藝，能唱能舞能演開打的外末。[26]

而解玉峰則較保守的說明：

> 雜劇的〝沖末〞是如何開場的呢？現存北雜劇劇本並沒有向我們提供任何具體的實例。〝沖末〞開場可能有一些表演，但比較隨意，不像〝副末〞開場那樣講究，有一些套數。[27]

二人對於開場表演內容之態度雖有不同，但認為以「沖末」開場的元雜劇舞台，必然有一套表演程式的看法，是趨於一致的。

根據二人的研究，明代宮廷本「沖末」的腳色，乃為明代宮廷演出元雜劇中，負責表演一套特定程式以開場的說法，應該接近於事實的推測。至於此一腳色之存在，黃天驥認為在元刊本中「開」的動作提示，可見迹象，而解玉峰則並未論及於此，僅在相關研究以「元刊本未見」[28]帶過。

---

26 同註 22。
27 同註 23，頁 241。
28 解玉峰著，〈論臧懋循《元曲選》於元劇腳色之編改〉，同註 1，頁 102。

　　筆者以為，將元代刊鈔本「開」的提示視為「引戲」，以其為「沖末」之類似腳色存在於元刊本的推論，仍需要加以琢磨。根據筆者的觀察，元代刊鈔本之「開」字使用，不定出現於一劇之首，有時同一個劇本的各折之中，皆可見「開」字的用法，一折之中也可能不只一次，而且各種腳色皆可「開」。又兼之，元代刊鈔本中，第一折開首即出現「開」之動作者，則僅見《單刀會》、《看錢奴》、《老生兒》、《三奪槊》、《氣英布》、《汗衫記》、《薛仁貴》、《鐵柺李》、《霍光鬼諫》、《嚴子陵》、《博望燒屯》、《小張屠》等劇，與明代宮廷本之「沖末」使用狀況，似乎仍有不小的差異。故筆者以為，若以「開」為「引戲」之職，而認為元代刊鈔本中也存在著類似「沖末」的腳色，此一結論仍然有待更進一步的驗証，未可輕易斷言。而以目前的資料看來，若將「沖末」比之於南戲的「副末」，是為明代宮廷演出受南戲「副末開場」之影響而設的腳色，或許是較接近事實的答案。

　　另外，「副末」腳色之出現在明代宮廷本中，也可能透露著宮廷本之腳色使用，受到南戲腳色影響的迹象，但所影響者卻非承擔開場的任務或腳色形象的更加別緻，而是其腳色名稱之使用。關於「副末」這個腳色，在宮廷本中出現的並不多，在本文討論的七劇之中，僅有《醉思鄉王粲登樓》一劇，將原來在元刊本中由外末扮演的樓主許達，改為副末扮演。除此之外，在宮廷本中也唯有脈望館鈔校古名家本《包待制三勘蝴蝶夢》曾經出現「付末」的腳色，扮演地方官吏。

　　從這種使用狀況不難推想，不論是「副末」或「付末」，

在北雜劇中均未形成一行固定使用的腳色，而宮廷本中之所
以會出現「副末」的腳色，極可能是受到南戲流行之影響而
混用。其實「副末」之腳色，很早就出現了，在《青樓集誌》
中曾記載：

> 金則院本、雜劇合而為一，至我朝乃分院本、雜劇而
> 為二。院本始作，凡五人：一曰副淨，古謂參軍；一曰
> 副末，古謂之蒼鶻，以末可扑淨，如鶻能擊禽鳥也；一
> 曰引戲；一曰末泥；一曰孤。又謂之「五花爨弄」。[29]

又有宋吳自牧《夢粱錄》卷二十「伎樂」條載：

> 且謂雜劇中末泥為長，每一場四人或五人。末泥色主
> 張，引戲色分付，副淨色發喬，副末色打諢。或添一
> 人，名曰裝孤。[30]

可見「副末」之名稱，最早出現於宋金雜劇中，主要是
負責插科打諢的逗趣表演。但到了南戲階段，「副末」在演
出當中有一個重要的任務，即擔任開場的腳色，通常在一開
始時，會由副末誦唸詩詞，引觀眾入戲，接著再介紹劇情大
要。而在劇中，副末偶而也會出現，多數是扮演院子、司吏
等個性老成的人物，可見「副末」在南戲中的作用與腳色類
型。而此一腳色的運用，也延續到傳奇之中，《揚州畫舫錄》
便有：「梨園以副末開場，為領班。」[31]之語，其話語說的

---

29 元‧夏伯和著，《青樓集誌‧提要》，收錄於《歷代詩史長編二輯》
第二冊，台北：鼎文書局，1974 年，頁 7。
30 宋‧吳自牧《夢粱錄》卷二十「伎樂」條，西安：新華書店，2004 年，
頁 312。
31 清‧李斗著，《揚州畫舫錄》卷五，台北：世界書局，1963 年，頁
122。

雖是明末清初崑劇盛行時的狀況，但從中便可見副末腳色在
明代戲劇中的重要性及其不容忽視之存在感。

　　所以，可能即是在這種戲劇環境之下，由明人重新整編
的元雜劇版本，不知不覺混入了「副末」的腳色。但其使用
副末的方式，並不如南戲或傳奇，擔任開場的職務，反而是
在劇中擔任類似於元刊本中的「外末」的人物。其實如進一
步推究，就名稱而言，「副」乃配搭「正」之稱，「副末」
在劇中的重要性為「正末」之次等，猶如「外」之除「正」
而言，「外末」之為「正末」以外次等腳色的意義一般。所
以，將「外末」改為「副末」，有可能是明代伶工的誤用，
也有可能他們是依據名稱比附，以此二種腳色名稱的意義無
甚差別而加以挪用，而並非在腳色分工之精細所致。由此可
見，宮廷本此處對於《醉思鄉王粲登樓》樓主許達的腳色使
用差異，應尚未具腳色分化之意義，這一點從許達的形象及
性格觀之，便可略知一二。

　　再則，明代宮廷本於「淨」腳之使用上，除開元代刊鈔
本科白不明的劇目與宮廷本所增加的人物不談，其他如《泰
華山陳摶高臥》之某臣（宮廷本名之為鄭恩），原本未特別
標示，在宮廷本則註明為「淨」扮演；《相國寺公孫汗衫記》
中原本由「淨」所扮演的陳虎及「外淨」所扮演的趙興孫，
宮廷本均未註明腳色，而以直接以邦老及趙興孫稱之，反倒
是元刊本未標註腳色之卜兒張文秀之妻，宮廷本則標註為「淨
卜兒」；另外還有《死生交范張雞黍》中的王仲略，在元刊
本中原由「外末」扮演，宮廷本亦改由「淨」腳扮演。

　　其中《死生交范張雞黍》中的王仲略，在元刊本中由於

科白不明及缺漏的情況，故其角色的實際性格無法準確掌握，不能判定其由「外末」扮演，是否在人物形象與性格上，不如「淨」腳之適切，而元刊本《泰華山陳摶高臥》的某臣，與宮廷本《相國寺公孫汗衫記》的陳虎與趙興孫亦各自有腳色不明的現象，所以在淨腳的使用上，元刊本與宮廷本互有出入，無法看出宮廷本之使用淨腳的概念，是否已經更加明確了。但其以淨腳扮演既非剛烈亦非邪惡之張文秀妻子趙氏，則令人懷疑是否因其角色形象略帶詼諧色彩，類似於南戲中以「淨」插科打諢之腳色功能故而引用，如果是的話，這又是宮廷本受到南戲影響的迹象之一証。

另外，宮廷本在旦腳的使用上，與元代刊鈔本之差異情況，亦須進一步加以釐清。如《看錢奴買冤家債主》中，將原本標示為「外旦」扮演的賈弘義（宮廷本改名「賈仁」）之妻，改由「卜兒」扮演；《相國寺公孫汗衫記》中由「外旦」扮演的李氏（即宮廷本的李玉娥），改由「旦兒」扮演，看起來「外旦」的名稱，似乎消失了。但元刊本沒有科白的《楚昭王疎者下船》一劇，宮廷本標註楚昭公之妻為「二旦」所扮演，其腳色意義應與「外旦」相當，況且「外旦」之腳色名稱，在其他宮廷本劇目中，並未完全消失，如古名家雜劇《還牢末》中有「外旦」扮蕭娥、雜劇選《玉壺春》有「外旦」扮陳玉英、古雜劇《蕭淑蘭》中有「外旦」扮崔氏等，這些都可見「外旦」的使用，在宮廷本依然存在著。

然而，「旦」在明代宮廷本中，是否已具有明確的腳色使用意義，這一點仍然是值得懷疑的。在上表中可見，《死生交范張雞黍》一劇中有「外扮旦兒」（張元伯之妻）之提

示，與戲曲中以直接以「旦」為腳色的提示狀況不同，反而類以於將之視為一般市井俗稱的提示狀況。故視「旦」為一種婦女的身分，而以「外」扮之，似乎更接近於宮廷本使用「旦」的概念。而在此情況下，將元代刊鈔本之「色女」直稱為「色旦」，則毫無轉換上的疑義，甚是直接了當，色旦乃至於其他宮廷本中的貨郎旦、切鱠旦等，也只是對於不同身分之婦女的稱謂而已，與後來京劇演出之閨門旦、刀馬旦、潑辣旦等精緻的腳色分化，意義不能等同視之。

除了上述腳色之外，宮廷本在「外末」之腳色名稱使用上，亦值得一提。基本上，「外末」之腳色名稱，幾乎完全消失在明代宮廷本中，最主要是宮廷本中對於等同於元代刊鈔本中「外末」意義的角色，多半僅以「外」稱之，有些則僅標註名字。如《西華山陳摶高臥》的「外扮使臣」、《相國寺公孫汗衫記》的「外扮府尹」、《死生交范張雞黍》的「外扮賣酒」、《張孔目智勘魔合羅》的「外扮高山」，及《醉思鄉王粲登樓》的「外扮荊王」等，皆是以「外」代替「外末」之稱；也有不少在元代刊鈔本稱「外末」的人物，宮廷本直接以姓名稱之，如《看錢奴買冤家債主》的陳德甫、《相國寺公孫汗衫記》的張孝友與相國寺長老、《死生交范張雞黍》的孔仲山與張元伯等。

但在宮廷本中，亦存在著「外扮卜兒」、「外扮旦兒」的用法，在《死生交范張雞黍》分別飾演張元伯的母親與妻子。可見宮廷本中的「外」，不僅是指「外末」，也可能是指「外旦」，可以扮男，也可以扮女。洛地先生所謂「一正眾外」之說，以宮廷本中的腳色運用概況觀之，仍有相當程

度的吻合。

　　以元雜劇而言，「一正眾外」之腳色安排，實已足以應付「一人主唱」的戲劇表演形式。在劇團中只要將主唱的一人確立，其他成員只是配合演出而已，戲分相對的少很多，觀眾看戲的重點多半不在這些人物身上，這些人物是何腳色扮演，似乎並非最重要的。所以，雖然元雜劇隱約已有因劇中人物特性不同，而做了簡單的腳色分類之現象，但這種分類亦非全然壁壘分明，不可取消。故而除了主唱的正腳之外，將其他劇中人物以姓名或獨特的身分標示，都將比僅註明腳色扮演，讓人在舞台演出或案頭觀看時，更加清晰明白。否則在「一正眾外」的情況下，眾「外」的標示，恐怕也只會讓人如墮五里霧中，難以辨識，這或許也是宮廷本中多半以名字或俗稱來代替「外」之提示的主要原因。

　　如以版本的刊刻情況而言，明代宮廷本是有很大的空間把動作表演者的扮飾腳色標示清楚的，但我們看到宮廷本中有不少地方僅在人物第一次出場時，說明扮飾腳色，以下則以姓名或身分標示，還有更多的人物是從頭到尾僅註以姓名或身分，並未表明扮演之腳色，與同時期南戲傳奇的情況大不相同。這種情形說明了，元雜劇腳色的分化，在尚可演出的明代宮廷之中，仍未能取得共識，亦不夠精細。但或許這才是道道地地，符合元雜劇實際演出的腳色運用狀況。

第三節　《元曲選》腳色編排之 重整與改訂

　　《元曲選》的腳色記錄，通常是許多人認識元雜劇腳色使用狀況的途徑，但卻也是導致多數人對於元雜劇腳色誤解的歧路。以下藉由比較其故而釐清《元曲選》與先前版本之腳色編排差異，可說是還原元雜劇腳色運用之實際狀況中，最為重要的一個環結。

一、《元曲選》之腳色標註

　　相對於元刊本的科白缺漏所導致的演出者標註不明，雖然宮廷本的標註已經十分清楚，但有時仍不免出現雜亂的不穩定狀態，例如《西華山陳摶高臥》一劇，在趙大舍與鄭恩初次上場時，僅註明「沖末扮趙大舍引鄭恩上」，說明由沖末腳色扮演趙大舍，而鄭恩則未註明由何種腳色扮演，接著，在以下的表演者上，卻直接以「外」、「淨」領起各種表演動作，容易令人一時之間無法會意，確實瞭解說話者是趙大舍與鄭恩。

　　而《元曲選》在對動作表演者的提示上，則顯得謹慎清楚許多。在動作表演者的標示上，《元曲選》有其固定的一套模式，從頭到尾，幾乎皆一致而穩定。這種情況有利於閱

讀者進入狀況，掌握人物的動向，而且一旦掌握了，對於《元曲選》中的一百個劇目，都能輕鬆的閱讀。

　　臧懋循標註動作表演者的方式，除了家童、卒子、祗候、雜當、俫兒、張千、興兒、眾等幾乎不出聲的角色之外，其他劇中人在第一次出場時，《元曲選》中多半皆以「□□扮○○」之提示註明，其中「□□」代表腳色，「○○」代表人物或市井俗稱，但在第二次出場時，除了主唱腳色之外，大多以人物姓名或具單一性的市井俗稱代表之。透過這種方式，《元曲選》一方面保存了其為元雜劇劇本，以腳色扮演的基本樣貌，反映了元雜劇演出情況的軌跡，另一方面也利於讀者掌握戲劇中的動作或唱白者為誰，不必頻頻回想某一腳色扮演某一人物的複雜狀況。

　　但其中最為人所詬病的是，《元曲選》雖然保留了元雜劇以腳色扮飾人物的傳統戲曲特色，然而其所標註的腳色扮飾情況，卻並非元雜劇的原汁原味，而是在臧懋循加料加味後，具有其風格之個性化獨特商品。這當中透露了他個人對於腳色類型的觀點，以下藉由其與明代宮廷本運用腳色方式的不同，仔細分析探索。

二、《元曲選》之腳色運用

　　隨著明代劇壇腳色分工細緻化的演進，身處於晚明時期的臧懋循，在劇本中腳色的運用上，顯然受到當時腳色定義的影響，讓《元曲選》在這方面，呈現出不同於元雜劇實際演出，卻反映劇壇潮流的狀況。

　　以本文所討論的七個劇目而言，在《元曲選》中，臧懋循共標註了正末、沖末、外（即外末）、小末、副末、旦兒、二旦、老旦、淨、丑等十種腳色，在同樣的劇目中，較明代宮廷本多出了老旦與丑兩種腳色。

　　其中《元曲選》老旦腳色之運用，並非元雜劇之首例，早在元代刊鈔本中，便有《薛仁貴衣錦還鄉》以老旦扮演薛仁貴的母親，但大致而言，元代刊鈔本仍多數以「卜兒」扮演老婦。明代宮廷本的情況也大約如此，其中有時也會有以「外」或「淨」扮演「卜兒」的情況，如《死生交范張雞黍》中的張元伯之母與《相國寺公孫汗衫記》中的張文秀之妻。但到了《元曲選》，「老旦」成為一行固定的腳色，有許多幾乎原本標註為「卜兒」的角色，除非性格形象特殊，偶以他行腳色扮演外，其餘多數註明為「老旦」扮演。

　　如《醉思鄉王粲登樓》中，明代宮廷本直接標註「卜兒」的王粲之母，《元曲選》則增加提示為「老旦扮卜兒」；又明代宮廷本《死生交范張雞黍》中原由「外」扮演「卜兒」飾張元伯之母，《元曲選》則改為以「老旦」扮演，給予明確的腳色定位，而不再以「外」這個在元代刊鈔本與明代宮廷本中，缺乏實際形象意義的腳色簡單標註。至於《相國寺公孫合汗衫》中仍以「淨」扮演「卜兒」飾張文秀之妻，則可能因為「淨」的特殊腳色形象符合其心中對此人物的想像，故便未做改編。

　　這些改編都隱約透露，《元曲選》已逐漸將「卜兒」之婦人身分與腳色名稱分開，「卜兒」之非腳色的意義，更被明確的分別出來，改以「老旦」扮演。雖然其中仍有含糊的

現象，如《看錢奴買冤家債主》的賈仁之妻，仍然未標註腳色扮演情況，但與宮廷本相比，《元曲選》對於「老旦」腳色的使用，更加頻繁而清晰了。

這種將腳色名稱與市井俗稱之明確區分的現象，在《元曲選》中還有不少。如《張孔目智勘魔合羅》中的胡官人，在宮廷本中原標示為「孤扮胡官人」，在《元曲選》中則改為「外扮府尹」，而其中原本僅標示為「淨」的河南府縣令的角色，也改以「淨扮孤」標示；《醉思鄉王粲登樓》中也有蔡邕之角色，在宮廷本中以「孤扮」標註之，《元曲選》則改用「外扮蔡邕」加以標註。可見「孤」是代表「官人」的身分，卻不是戲劇中的「腳色」之地位，在《元曲選》中已是清楚分辨。

另外，《相國寺公孫合汗衫》中陳虎的角色，元代刊鈔本已用「淨」腳扮飾之，宮廷本則全劇皆僅以「邦老」標註，而《元曲選》便又清楚的標註「淨邦老扮陳虎」，「邦老」與「淨」，一為市井俗稱一為腳色名稱，二者之不同《元曲選》亦明白的分辨。由此可見，臧懋循對於之前版本中，部分慣於以市井俗稱標註的「泛腳色」類型，又根據內在的性格，而分門別類到各種合適的腳色類型之中的作法，已經明白的顯示臧懋循在整理重編《元曲選》時，已融入明代劇壇中成熟的腳色概念了。

在《元曲選》的腳色改編中，最引人注意的便是大量「丑」腳的使用。「丑」之腳色使用，在元刊本從未見過，在宮廷本中亦是極其鮮少，僅有《古名家雜劇》本及顧曲齋刊《古雜劇》之《青衫淚》、《古名家雜劇》本《勘頭巾》、《古

名家雜劇》本《猿聽經》、《古名家雜劇》本《竇娥冤》、明富春堂刊《金貂記》所附《不伏老》雜劇等五劇曾見，幾乎可以視為混用，而非對於其腳色類型的正式定義。但《元曲選》對於「丑」腳的使用，則與各刊本的狀況不同，可以看得出來，「丑」腳在《元曲選》中，已是一行固定腳色，臧懋循是刻意使用「丑」腳來詮釋某種類型人物。

如本文討論的七個劇本之中，《元曲選》在《楚昭公疎者下船》之中用了「丑扮梢公」、《相國寺公孫合汗衫》之中用了「丑扮店小二」、《死生交范張雞黍》之中有「丑扮賣酒」、《張孔目智勘魔合羅》之中有「丑扮令史」、《醉思鄉王粲登樓》之中亦有「丑扮店小二」。而當這些人物在宮廷本出現的時候，除了《楚昭公疎者下船》中的梢公以「淨」扮演之外，其餘皆僅是標註身分而已，元刊本甚至不用這等人物或略而不書，但在《元曲選》中卻頻繁的使用「丑」腳來扮飾，以符合這些人物形象在南戲傳奇中的腳色規範，這又是其使用腳色的觀念受到明代劇壇影響的另一明顯例証。

這些人物在劇中出現時，多多少少都做了一些趣味性的表演，為舞台增添許多笑料，如《楚昭公疎者下船》中的梢公：

（丑扮梢公上，嘲歌云）月落烏啼霜滿天，江楓漁火對愁眠。也弗只是我里梢公、梢婆兩個，倒有五男二女團圓。一個尿出子，六個弗得眠。七個一齊尿出子，艎板底下好撐船。一撐撐到姑蘇城下寒山寺，夜半鐘聲到客船。（一下，第三折，頁867）

其表演極富趣味，此等人物如出現在南戲傳奇中，多半也是用「丑」腳來扮演。雖然這些逗趣的內容曾經過改編，

但宮廷本的梢公基本上還是富趣味性的，而其中卻是以「淨」腳來扮飾，可見《元曲選》對於「淨」行的分工概念，實已與前一階段版本有所差異了。

另外，在《元曲選》中，對於正末或正旦以外的腳色分別，也較之前的版本清楚，與洛地先生所謂「一正眾外」的情況，已經大不相同。在「淨」腳的使用上，臧懋循開始嚴格的區分其與「外」腳的不同，他將具有性格剛強或內心邪惡的角色，都清楚的標註以「淨」腳扮演。如《楚昭公疎者下船》中的伯嚭、費無忌與秦姬輦、《西華山陳摶高臥》中的鄭恩、《看錢奴買冤家債主》中的賈仁、店小二與廟祝、《相國寺公孫合汗衫》中的邦老陳虎、《死生交范張雞黍》中的王仲略、《張孔目智勘魔合羅》中的李文道與河南府縣令、《醉思鄉王粲登樓》中的蒯越與蔡瑁等。這些人物，在宮廷本中，並未全都標示為淨所扮演，如《楚昭公疎者下船》中的伯嚭與秦姬輦、《看錢奴買冤家債主》中的廟祝，《相國寺公孫汗衫記》中的邦老陳虎、《張孔目智勘魔合羅》中的李文道，原皆僅註以姓名或身分，並未特別註明由「淨」扮演，《元曲選》特地標示以「淨」腳扮飾，除了有如上述之區分「泛腳色」與實際戲曲腳色的做法外，也顯示了臧懋循對這些劇中人的固有觀點，如《楚昭公疎者下船》中的伯嚭，在本劇中的形象與孫武子等人相去無多，但在多數以「外」腳扮演的群臣之中，卻別出伯嚭為「淨」，雖然這當中可能不乏腳色分派的考量，但伯嚭在此劇中並無邪惡的表現，臧懋循以「淨」扮之，應與伯嚭在歷史上的負面形象有關。另外如秦姬輦之逞強好鬥、廟祝之愛富嫌貧，及李文道之殺兄

奪嫂，這些人物以「淨」腳扮演，都更能顯示其性格形象，臧懋循的「淨」腳運用，實強化了「淨」腳在元雜劇中使用的類型標幟。

另外，《元曲選》使用「沖末」的腳色扮演，亦與之前版本有所差別，顯現他對「沖末」的理解，與明代宮廷本中的意義不同。「沖末」這一行腳色，始出現於明代宮廷本之中，而且運用的十分頻繁。在宮廷本中「沖末」大多出現在戲劇的開頭，做為開場之用，故在不同的戲劇之中，隨著第一出場的腳色不同，沖末也可用以扮飾各種不同的腳色。除了在本文討論的七個劇本中，有《看錢奴買冤家債主》、《相國寺公孫汗衫記》、《死生交范張雞黍》等三劇是以「沖末」扮演周榮祖、張文秀、范巨卿等「正末」腳色，而《楚昭公疏者下船》、《西華山陳搏高臥》、《張孔目智勘魔合羅》、《醉思鄉王粲登樓》等四劇是扮演吳姬光、趙大舍、李彥實、曹子建等相當於「外」的腳色。在其他劇本中，甚至有《古名家雜劇》本《竹塢聽琴》有「沖正旦」、《雜劇選》本《兒女團圓》「沖末大旦」、《雜劇選》本《望江亭》有「沖末淨扮白姑姑」、脈望館抄本《認父歸朝》有「沖末淨扮劉季真」、《古名家雜劇》本《竇娥冤》有「沖末卜兒」等標示狀況，可見「沖末」並非劇中一般固定形象的腳色，而是劇場上一種功能性的腳色，做為開場之用。而在這些劇本中，沖末在開場時扮飾完各行腳色後，以下出現在劇場中時，仍舊以其原有的腳色行當扮演該人物，並未註明由沖末繼續扮演。

但在《元曲選》中，「沖末」變成是一種劇情發展中固定的腳色行當，其腳色名稱的扮飾意義，與外末、小末、老

旦、淨、丑等腳色並列，是戲劇中可用以扮飾某一類型人物的腳色。他在《楚昭公疎者下船》中扮吳王、在《西華山陳摶高臥》中扮趙匡胤、《死生交范張雞黍》中扮孔仲山與張元伯、在《張孔目智勘魔合羅》中扮李彥實、《醉思鄉王粲登樓》中扮曹子建，但絕沒有「沖末」扮某行腳色的提示，如沖末扮正末，或扮外、正旦、大旦、淨、卜兒等。這便代表，在臧懋循的觀念上，沖末本身就是一行腳色，所以不會再以這個腳色來扮飾其他腳色，而且為沖末所扮飾的人物，再次出現時也不會再以其他腳色扮演，而是直接標以「沖末」之提示。可見在臧懋循心目中，「沖末」的腳色意義與外、淨、旦、丑等相同，是戲劇表演中的固定腳色，而非僅用於開場的特殊腳色，只是這個腳色的形象，並沒有其個別的特殊性，其所扮演的類型實雷同於《元曲選》所歸類的「外」腳，基本上「沖末」仍屬於一種男性的正派腳色，如果這類腳色是在開場時即出場的話，臧懋循便會以「沖末」扮演，若開場出現的是正末或旦、淨腳等顯然不同於其「沖末」定義的腳色，則該劇可能便無有沖末之腳色扮飾。而這種改編現象，則應該是由於《元曲選》並沒有搬上舞台之顧慮，故根本無需「沖末」腳色開場之所致。

　　而在區分出老旦、丑、淨及沖末等腳色之後，除了一些偶一露面的雜當角色之外，《元曲選》幾乎將其他宮廷本大量僅標註市井俗稱或人物專稱的角色，皆歸屬於「外」腳的行列。如《楚昭公疎者下船》中的孫武子、伍子胥、羋旋、申包胥、秦昭公與百里奚、《西華山陳摶高臥》中的使臣、《看錢奴買冤家債主》中的靈派侯與陳德甫、《相國寺公孫

合汗衫》中的趙興孫與相國寺長老、《死生交范張雞黍》中的第五倫、《張孔目智勘魔合羅》中的高山與府尹、《醉思鄉王粲登樓》中的蔡邕與荊王等。整體而言,《元曲選》中使用「外」腳的範圍,雖然在區別出老旦、丑、淨、沖末等可扮演的不同形象腳色之後,其人物類型的含括範圍已經較元刊本與宮廷本縮小了許多,但其「外」腳的扮飾意義,與明代劇壇中「外」腳的使用,仍然未能完全等同。在《元曲選》中,外腳所扮演的人物,包含形象年輕力壯與老成持重等類型,與明代南戲傳奇中「老外」之專門扮演老成持重者,仍然有所差別。

　　從以上臧懋循對各行腳色的使用狀況看來,可見臧懋循編排腳色的方式,與之前版本有不小的差距,嚴格的說,臧懋循在腳色編排上,已經破壞了元雜劇的原貌。但從另一個角度而言,臧懋循所改編的《元曲選》,雖然不能反映元雜劇腳色的使用狀況,卻可以使當代的人依其理解之腳色意義,對於劇中人物的形象有更加清楚的認識。而且《元曲選》對於腳色的標註清晰而統一,在人物第一次出場時大多能標明扮演的腳色與姓名或身分,之後出現時除了主唱之外,則大多標註姓名或俗稱,如此則不但保存了元雜劇以腳色扮演的基本形態,也讓讀者免去因腳色扮飾多種人物而混淆的麻煩,閱讀上更為清晰而省力。而讓讀者方便閱讀,是一個優良出版品重要考量的元素,無疑的,臧懋循掌握了其中要領,無怪乎其所出版的《元曲選》能夠成為後來讀者欣賞元雜劇的首選。

小　結

　　從三個階段元雜劇版本對於腳色之標註與運用概況可知，不同時期的元雜劇版本之作者與編者，對於腳色的定義顯然有所差異。而這些差異也顯示元雜劇之腳色運用，在元代舞台與明代舞台、場上與案頭，皆有其各自需要面對的考量因素，故而導致所運用腳色內涵之種種不同。

　　記錄元代舞台之元代刊鈔本雜劇，在腳色標註上的呈現略顯混亂，對於腳色的運用，最為明確而穩定的，唯有正末（或正旦）而已，但正末（或正旦）腳色之穩定，意義也只是在於其主唱地位之確定，並非演出角色之身分類型固定。基本上，洛地對於「一正眾外」、「一腳眾角」的描述，頗接近於元雜劇劇團的運作模式。只是處於整個戲曲發展的一個環結中，元雜劇對於其他劇種之腳色運用狀況，必然不可能置身其外，故其對於淨腳的運用，頗似延續參軍戲以來的發展，多半以之為性格剛烈或邪惡之人，而旦腳的標註與運用狀況，則介於俗稱與腳色之間，仍未具嚴格的腳色意義。

　　明代宮廷本之腳色運用狀況，則顯示明代舞台上的元雜劇，戲班的組成應未脫「一正眾外」、「一腳眾角」的模式，除了主唱腳色與元代刊鈔本的存在狀況類似之外，其他腳色的扮飾類型，也大多沒有進一步的明確定義，但卻在腳色名稱與部分腳色的運用上，受到南戲腳色分工之影響，如淨與副末。而在明代宮廷本的腳色運用上較為突出者，便屬增加「沖末」腳色一項，這也顯示明代演出元雜劇的開場模式可

能有所改變，而這種情況，推論亦可能不免於南戲「副末開場」之影響。

《元曲選》在腳色的運用與先前版本的差異，階段性的跳躍可謂最大。而其改編腳色的主要依據，則更明顯是受到明代晚期劇壇腳色分化成熟之影響，然而其中也有部分不免於其個人的觀念所導致。而其將「卜兒」、「孤」等市井俗稱以腳色扮演的標註方式，則顯示臧懋循對於這兩類稱謂的定義清楚分判，這也與明代傳奇的腳色運用狀況頗為一致。而《元曲選》之腳色標註整齊，定義固定且明確，則為其版本運用腳色之重要特色，這種標註方式雖然大幅增加其版本之可讀性，但其提示腳色的扮演情況，卻並非元雜劇在舞台上演出的實際記錄，而是經由臧懋循調整竄改後的個性化商品，主要目的應是為了方便閱讀。

由此可見，元雜劇不同階段的版本，各依其演出實際的狀況或不同的出版目的，留下了不同的腳色記錄，讓我們對於元明舞台上之元雜劇演出，與當時元雜劇戲班的組成概況，皆能有更進一步的掌握，至於《元曲選》所展示的腳色記錄，則顯現其追求適於閱讀之版本特色。觀察元雜劇不同階段的腳色運用，可見其漸受南戲傳奇影響之迹象，顯示存在於明代的元雜劇，不免適應當時戲劇環境而改變的現實狀況。

第四章　元雜劇三階段版本之動作提示差異

在元雜劇的劇本中，最重要的元素無非屬曲文、賓白、科介三者。而在此三元素之中，曲文與賓白雖亦有賴表演為之增色，但其於文學上的表現，仍為重要的成敗關鍵，故一般對於二者的分析，多偏重於其文學之面向。相對的，劇本對於科介的記錄，並不特別強調文學筆法的修飾，而是一種真實的形象描述或劇場術語的傳承，主要為喚起觀眾的舞台印象或指示演員表演的動作，是劇本中有別於其他類別文本的重要元素。

關於元雜劇的科介，由於時代的變遷，出現了各自適應於時代的不同記錄手法，流傳在各種不同的版本之中。這些記錄手法的形成，通常是有鑑於戲劇之表演動作複雜而且抽象，為免記錄之繁瑣，在默契的形成下，各個時期皆有其運用於當代劇場的專業術語。但這些專業術語，經過時間的流轉，當劇場環境逐漸有所變化，其中某些用語也隨之不再流行，保留在劇本中的提示語，反而成為後人閱讀劇本的障礙。這時候不同階段版本記錄的對照，則成為可能的解題之鑰，讓後人有機會窺探先前記錄之提示意義。

其實，除了科介之外，有些特殊的動作提示，也藏在賓白之中，藉由賓白的陳述，可以想像劇中人物的形象與動作。這些動作提示，不但反映了舞台表演的狀況，也隱含著每一個版本因應其出版目的，對於動作描繪的需求。而這些答案的推求，皆可以透過不同階段版本的比較，由彼此的差異中加以分析歸納。故本章擬由保留於元雜劇不同階段的版本中，透過比較其科白所提示的表演動作差異，探索各個時期版本對於舞台動作記錄的狀況，及其記錄的背景與代表意義。

第一節　元代刊鈔本之動作提示概述

現存元代刊鈔本雜劇，是目前可見最早的元雜劇版本，雖然內容極其簡陋粗疏，仍被視為保存元雜劇原始樣貌的珍貴資料。而在元代刊鈔本中，除了其曲文之保存幾近於完整，是為元代刊鈔本之重大貢獻之外，另一項值得注意的版本貢獻，應屬其中的動作提示了。

但不可諱言的，由於元代刊鈔本在刊刻時，除了省略訛誤的情況繁多之外，其中尚且使用了許多當時劇場的慣用術語，故而經常令後人在欣賞時，產生不少障礙，難以直接明瞭其中意涵。針對元代刊鈔本省略訛誤的問題，鄭騫先生曾著有《校訂元刊雜劇三十種》，以後出的版本及個人的才識進行對照還原，已有卓越的成果，可供後人參酌，故此處不必再論。本文此處僅針對元代刊鈔本使用特殊用語的問題，加以綜合討論，希望提供完整的論述，讓讀者可以更進一步

瞭解元雜劇的原始樣貌。關於元代刊鈔本所使用的許多當時劇場術語，經常因為時空阻隔，難以確切得知其真實用意，如：開、一折、等、科、了、住等用語，以下分別討論之。

一、「開」的使用

歷來對於元代刊鈔本雜劇的部分用語，已有不少研究討論，這些研究對於後人瞭解元代刊鈔本所記錄的元雜劇演出概況，提供了不小的助益，值得參考，其中討論最多的，莫過於「開」和「一折」的使用。

在元代刊鈔本中，經常在人物上場時標註「○○上開」或「○○開住」等，由於「開」字的使用，逐漸消失於後出的版本之中，以致後人對於「開」字的使用意涵，愈來愈陌生。對此，孫楷第與曾永義皆有深入的研究與探討，並得出精闢的見解，非常具有參考價值。孫楷第《也是園古今雜劇考》曾論道：

> 開者腳色初上場時開端之語也。……凡開或指念，或指白。其指念者下文為詩。……其指白者，下文為通姓名述本末之語。……後人刻曲，不知開字之意，于舊本某人上開其意指開唸詩句者，一律改為某人上詩云，于舊本某人上開其意指開白者，一律改為某人上云。雖誦詩通姓名不誤，而浸失開始之意，此不可不辨者也。又戲曲言開尚有贊導之意，此例為周憲王劇有之。……有云色長開者，乃是贊導，與他處開為本

　　人誦詩通名姓始末者異，要亦開始之引申也。[1]

　　而曾永義〈從格範、開呵、穿關到程式〉一文，也從當時各類文本「開」字的用法及前人研究中，整理歸納出以下結論：

> 鄙意以為〝開〞最先當指通姓名述本末之白，此與〝開呵〞之本義最為相近；而念詩與贊導既為其引申之義，可見〝開〞字或有逐漸變化為符號性意義之可能。[2]

　　由以上兩位學者的研究可得知「開」字於戲劇中的用法，大致可歸類為三：一為通姓名、述本末之「唸白」；一為人物初上場時之「誦唸詩句」；三為引出下列表演之「贊導」。以「開」字帶出這三類表演方式，總歸皆不脫其文字本身的「開始」之意。而「開」字在元雜劇中的用法，則以前兩類為主，第三類則主要見於明初雜劇之中，此處暫且不論。

　　以本文所討論的七個劇本為例，使用「開」字的便有：《泰華山陳摶高臥》之「正末道扮上開」，《看錢奴買冤家債主》之「淨扮賈弘義上開」、「聖帝一行上開了」、「正末披秉扮增福神上開」、「正末藍扮同旦兒俫兒上開」、「正末又扮莊老上開」、「正末卜兒上開」，《相國寺公孫汗衫記》之「正末扮員外引卜兒外末外旦上開」、「等長老上開住」、「等外淨扮邦老趙興孫開住」，《醉思鄉王粲登樓》之「蔡邕上開住」等處。

　　其中《泰華山陳摶高臥》一劇正末的「開」，位於全劇

1　孫楷第，《也是園古雜劇考》，上海：上雜出版社，1953 年，頁 379。

2　曾永義，〈從格範、開呵、穿關到程式〉，《戲曲研究》第 68 輯，2005 年 2 月，頁 101。

正末第一次上場之時；《看錢奴買冤家債主》一劇淨腳的「開」，位於全劇最初，聖帝及增福神的「開」，則位於該人物初次上場之時，扮演周榮祖的正末三次上場之「開」，則是位於不同排場開始之際；《相國寺公孫汗衫記》的正末之「開」，亦在全劇之初，而長老與外淨之「開」亦位於各排場之始；《醉思鄉王粲登樓》的蔡邕之「開」，亦同於前。[3]

　　由上列內容可見，「開」字在元代刊鈔本中的使用時機，基本上不是位於全劇之初，便是置於一個排場之始，抑或人物初次上場之際，始終不脫其「開始」之意，概與前人推論結果無異。至於其具體內容為何，則有待後出版本的對照分析，以利於對元雜劇「開」字的使用內涵，作更進一步的瞭解。這些討論，將在下一節之中，繼續進行。

二、「一折」的使用

　　關於元代刊鈔本「一折」的意義，歷來亦討論不少，也提出了不少值得參考的見解。[4]而近年來，也有不少學者在前

---

3 關於排場的劃分，可以參考游宗蓉《元雜劇排場研究》一文。（「元雜劇分場一覽表」，新北：花木蘭文化出版社，2011年，頁163-345）以游文所劃分之《元曲選》排場，對照於元代刊鈔本之相應劇情，則《看錢奴買冤家債主》扮演周榮祖的正末三次上場之「開」，分別位於第二折過場「周榮落魄」、第三折主場「相識不見」及第四折過場「張氏急病」等排場開始之際；《相國寺公孫汗衫記》長老之「開」是位於第三折主場「公孫合衫」之始，外淨之「開」，位於第四折過場「巧逢恩公」之始；《醉思鄉王粲登樓》蔡邕之「開」，則為於第一折主場「蔡邕激將」之始。

4 歷來對於元雜劇「一折」的說法，主要有以下幾種：最傳統的說法是以元雜劇一宮調之曲一套為一折。以王國維為主，之後多沿襲此說。

人的研究基礎之上，整理分析，並針對元代刊鈔本與後出版
本加以比較，對於元代刊鈔本「一折」提示的研究與說明，
詳盡而清晰。其中汪詩珮針對「一折」所提出的看法，全面
而完整，頗富參考價值，[5]但如果回歸到目前所見之元代刊鈔
本中的「一折」用法，則王萬嶺的說法具體而明白，對於我
們理解元代版本中「一折」使用意義有很大的幫助。王萬嶺
曾以《張鼎智勘魔合羅》一劇第二折中「外一折了」的表演
為例，做出以下的說明：

> 外末扮李文鐸開頭即上下場一次，劇作家沒有使用
> 「一折」字樣，這第二次上場並沒有立即下場，而是
> 在場上服侍正末吃藥，直到正末被藥倒以後，劇作家
> 才標明「外一折下」。如果按照過去習慣的理解，「一
> 折」表示「腳色上下一場」的意思，那麼在此之前外

（王國維《宋元戲曲考》「十一、元劇之結構」，頁 69）後來陸續有
不少學者，皆對此提出質疑，以為此說雖其來有自，但並非元本之中
的初始或全部用法，如孫楷第曰：「動作言語有先後本末，故賓白科
諢以一場為一折。其插入之歌曲舞曲等，雖非正唱，亦樂章之比，故
以一遍一回為一折。」（孫楷第，〈元曲新考‧折〉，《滄州集》卷
四，頁 320。）鄭騫則道：「在這些劇本（指元刊雜劇三十種及明初朱
有燉自刻的雜劇誠齋樂府）裡，全劇銜接不分，而常見有「一折」字
樣，都是小的段落，合計起來，那個劇本也不止四折。」（鄭騫，〈元
雜劇的結構〉，《景午叢編》，頁 194-195。）認為「一折」在元雜劇
中應用「一場」、「一段」的意思，後亦有錢南揚（《戲文概論》「形
式第五」，上海古籍出版社，1981 年，頁 168。）、周貽白（《中國
戲曲發展史綱要》，上海古籍出版社，1979 年，頁 150。）等提出「腳
色上下一場為一折」的看法，說法接近。
5 汪詩珮著，《從元刊本重探元雜劇 —— 以版本、體製、劇場三個面向
為範疇》第二章第一節「結構組成：一本四折、楔子與散場」，國立
清華大學博士論文，2006 年 2 月，頁 76-88。

末已經登臺表演一大段戲了，這豈不是自相矛盾嗎？[6]

　　此文不僅切分了元代刊鈔本「一折」與明代版本中元雜劇「一折」的意義差別，並更進一步推論元代刊鈔本「一折」不能完全等同「腳色上下一場」的結果。繼而，又以此為例分析道：

> 外末下場後，正末連唱了四支曲，指責和咒罵他的弟弟李文鐸搜走了他身上的錢財：「應有東西共財寶，一星星不落半分毫。帶云，海！好情理呵！他緊緊將馬馱將去了。」原來這裏的"一折"，是劇作家要求演員在舞臺上具體演出時表演搜錢、取物並用馬將之馱走等情節的提示。[7]

　　其推論嚴明而結果合理，對於元代刊鈔本「一折」表演意義之闡明，極具啟發性。以此重新檢視元代刊鈔本「一折」的舞台提示，則幾乎都能得到文義通暢的結果。

　　如觀之以本文所探討的七個劇目，則使用到「一折」之處有：《張鼎智勘魔合羅》楔子的「二外一折」、第二折的「外一折了」、《醉思鄉王粲登樓》楔子的「蔡邕一折了」、第一折的「駕一折了」、第二折的「二淨一折」及第四折的「駕一折」等。綜觀這些劇目中的「一折」，獨立而完整，為整個戲劇有機組合中的一個關節。以其前後文觀之，「一折」中必然包含動作與說白，而且上場人物可能也不只一人，如《醉思鄉王粲登樓》的「蔡邕一折了」應包括蔡邕與從人，「駕一折了」與「駕一折」則包括皇帝與隨從，「二淨一折」

---

6 王萬嶺〈元刊雜劇〝折〞的起始與本義〉，《戲曲研究》第 65 輯，頁 68。
7 同前註。

更直接說明至少有兩位淨腳上場,除了沒有唱曲之外,其表演的內容包含獨白、對話、動作、科諢等,可能十分豐富。

而這些「一折」的用法,除了前引之《張鼎智勘魔合羅》第二折的「外一折了」,不是「腳色上下一場」之獨立片段之外,其餘皆含括了腳色之上下場的表演,是為完整的段落,可便於整段表演之挪移或刪減,這也是後來的版本容易對此大動手腳的因素之一。(相關問題,將合併於下節之中討論)可見以「腳色上下一場」為「一折」的定義,實最接近元代刊鈔本中使用「一折」的內涵,應可含括元本中百分之九十以上的用法。但如果加以推究,則王萬嶺之說法更具全面性,不僅能適應於「腳色上下一場」之意,也能包容已位於場中之腳色的一段表演,是為更細緻的元雜劇表演單位,畢竟在元代刊鈔本中,類似於此一用法的表演提示尚有不少,如《薛仁貴衣錦還鄉》楔子中的「(外)末上一折」、《李太白貶夜郎》第二折中的「駕旦外末一折了」等,王萬嶺所提出的看法,可將「一折」的表演切分為較「一套曲」、「一場」更精細的單位,適合於詮釋現今所見元代刊鈔本元雜劇中所有「一折」的用法,是為早期元雜劇中特殊的表演術語。

三、「科」、「了」、「住」、「等」的使用

在元代刊鈔本中最常出現於動作提示的用字,應屬「科」、「了」、「住」三者。關於「科」字在劇本中作表演動作之意的用法,曾永義教授曾考証「科」字的由來而論道:

　　可見"格範"之作為"科範"或"科汎"者,乃因

"格"之於"科"為音近訛變;"範"之于"汎",則
為音同訛變,而"汎"、"泛"為一字異體。由"杜
光庭之科範"觀之,蓋指道場之儀式;由"科範從頭
講",以其與"關目"對舉,可知有戲曲身段模式之
意。……"科範"或"科汎(泛)"進一步又省作
"科",此於上引《水滸傳》"按格範打渾發科",
已首見其例,既用本始之"格範",又用形(應作「音」)
近訛變之"科",可見二者並行;只是此處之"科"
已為表演時身段動作之模式矣。[8]

　　考究仔細,推論合理,應為「科」字用於戲劇中之原始
與意義。而明代徐渭的《南詞敘錄》中曾道:

科,相見、作揖、進拜、舞蹈、坐跪之類,身之所行,
皆謂之科。今人不知,以諢為科,非也。[9]

　　可見,在明代雖然有人會將「科」字的意義縮小,「以
諢為科」,但從徐渭的記錄中亦可見,「科」之為戲劇表演
中,「身之所行」的動作,在明代應該還是清楚的。這也是
我們在所有明代流傳的元雜劇版本,所看到的現象。

　　如將元代刊鈔本的動作提示與明代版本加以對照,則清
楚可見,「了」與「住」二字的動作提示,在明代的版本中,
幾乎完全消失,但「科」仍然清楚的保留了下來,成為主要
的動作提示用字。而在這些版本之中,有不少是刊行是以提

---

8 曾永義著,〈從格範、開呵、穿關到程式〉,《戲曲研究》第 68 輯,
　2005 年 2 月,頁 96。
9 明‧徐渭著,《南詞敘錄》收入《歷代詩史長編二輯》(三),第 246
　頁,北京:中國戲劇出版社,1959 年 7 月版。

供閱讀為主要目的，如果一般人已經不能理解「科」字的用法，那麼讀本上頻繁的出現，必然會照成不少閱讀障礙，這對於以案頭閱讀為刊行主要訴求，且對於讀者需求處處留意的《元曲選》，更是不可能發生的現象。

　　從七個劇目的動作提示異文比較中可以觀察到，元代刊鈔本使用「科」字的動作，大多是比較具體的行為，如《泰華山陳摶高臥》的「做迎駕科、見駕打稽首科、試探科」、《看錢奴買冤家債主》的「做睡的科、做睡覺科、尋的古藏科、做賣酒科、做欲去請錢科、做賴錢科、各做睡科、做急心疼的科、慌科」、《相國寺公孫汗衫記》的「凍倒科、交與酒科、交與衣服科、做問船科、做咬破小指衫兒上抹血科、交小末應舉科、打認科、見長老科、叫有鬼科」、《張鼎智勘魔合羅》的「頭疼科、見問科、望科、害怕科、外遞藥末吃科、抱到官科、見科、告科、打科」、《醉思鄉王粲登樓》的「到科、過去見外科、坐定把盞科、做背科、聽雁聲叫科」等，而這些動作提示，也大量的保存於明代的版本之中。如進一步觀察這些動作提示的內涵，在它們之中的共同性是，提示的動作表演通常簡短而明確，如以現今尚存於舞台上的戲曲表演觀之，這些動作也通常有一定的演出規範與具體程式，可見在元雜劇中，「科」字的使用意義，如曾永義教授所言，是一種「表演時身段動作之模式」，其內容也大致如徐渭所言，為「相見、作揖、進拜、舞蹈、坐跪」等「身之所行」的動作。

　　相對於「科」字的用法，「了」與「住」二字則有一些使用上的差別。觀察元代刊鈔本使用的動作提示，便可以輕

易發現「了」字是使用最為頻繁的用字，大凡如：云了、問了、開了、喚了、見了、商議了、一折了、謝恩了、見禮數了……等等，不勝枚舉。而在這些提示所包含的內容中，大多比較廣泛，演出的時間也能也比較長，不是簡單幾個規範性的動作就可以做完的。其提示中，使用最多的便是有大段說白的內容，如「云了」，可說是元代刊鈔本最經常出現的動作用語，其提示的意義，多半代表非主唱腳色的說白，因為版本簡略的因素，故以「了」字帶過，以提示此處須完成某一腳色的一段說白。而其他如：「問了、開了、商議了、認義了、提得徠兒了、說前事了、做請心疼藥了」等提示，亦可想見其中有大段說白內容被省略掉，可見「了」字的動作提示意義，應是取其「完了」、「了結」之意，表示此處須完成某段較長的表演內容，才可以接下去其他的演出。

但由於「了」字本身即有「完了」、「了結」之意，故大致而言，其使用仍是比較廣泛的，舉凡完成某一表演，皆可以「○○了」來表示，所以除了上述一些大段表演的動作可用之外，其他如《泰華山陳摶高臥》之「謝恩了」，《看錢奴買冤家債主》之「做見尊子了、見禮數了、與酒了、做寫文書了、將過孩兒了、打徠兒了、做陪錢了、打噴嚏了」，《相國寺公孫汗衫記》之「禮了、看庫了、奪銀了、脫了、做接了衫兒看了」，《死生交范張雞黍》的「跪接盞了」，《張鼎智勘魔合羅》的「做尋思了、見高山二字科了、喚高山見了」，《醉思鄉王粲登樓》之「接見禮了、上樓做了、謝恩了」等具體短暫的科範動作亦可使用，而在這些提示的用法上，則與「科」字無異，其混用的情況，由「文鐸指父

科了」（《張鼎智勘魔合羅》）一類的用法想見一斑。可知
「了」字在元代刊鈔本中，使用得十分普遍，其文字本身的
輕描淡寫帶過之性質，正合適於元代刊鈔本省略內容之用。

　　而「住」字的使用，應是取其「停止」的意思，使用在
動作提示上，即表示某一動作的表演告一段落，可以接下去
另一動作的表演。「住」字的使用，在元代刊鈔本中的提示
意義，與「了」字相去無多，都是結束或停止以上的動作，
以便接續下列動作之意，如在元代刊鈔本中經常使用的「云
了」，在多數的劇本中，也同時出現「云住」的提示。其他
如《相國寺公孫汗衫記》之「叫住、開住、叫街住、番住、
做說與卜兒認住、衝上拿住」，《張鼎智勘魔合羅》的「告
住、見孤住、眾推上住、跪住」，《醉思鄉王粲登樓》之「飲
酒住、做見住、奏樂住」等用法，在元代刊鈔本中也不乏類
似的提示以「了」字收束的例子。只是在元代刊鈔本中，使
用「了」字的頻率仍是較「住」字多出許多，筆者推論這應
該與文字本身給人的感受有關，因為二字雖然都有結束、停
止以上動作的意思，但「住」字的「戛然而止」，與「了」
字之「緩緩而止」，其中的差別，仍使人對於表演的內涵有
不同的感受。對於需要感受、體會的演出內容，或許「了」
字的作用會比「住」字更好一些。

　　以上所論「科、了、住」三個提示用字，皆是使用在動
作提示之末，作為收束一段表演內容之用。而如果說這三個
字在元代刊鈔本中，代表的是提示一段表演結束的「下引
號」，那麼在元代刊鈔本中所使用的「等」字，則是代表著
提示這段表演開始的「上引號」。

在本文所討論的七個劇本之中，有不少動作在提示之前，會加上一個「等」字，如《看錢奴買冤家債主》之「等神鬼卒子拿淨上、等拜了云住」，與《相國寺公孫汗衫記》之「等外末云了、等淨上凍倒科、等外末交救了、等淨禮了、等外末云了、等外末交淨看庫了、等解子押外淨趙興孫上云住、等卜兒認義了、等淨奪銀了、等解子外淨先下、等淨提了下、等外末上云住、等淨上、等卜兒叫住、等卜兒告云、等卜兒云了、等卜兒云了、等外末一行上……」，可以清楚得見，每次「等」字皆出現於科白之首，以開始每一段表演之提示。以其內容而言，應是提示演出者「等待」提示動作表演之結束，才能接著以下的表演。

然而綜觀所有「等」字的提示，從未出現於主唱腳色的動作之上，這個現象應是由於「等」字所對話的對象即為主唱腳色有關。「等」字是告訴主唱腳色必須等待其他腳色完成提示動作而後做表，而不在於告訴其他腳色等待主唱腳色完成動作。亦即「等」字可以其他各行腳色為受詞，因此可加於各行腳色之上；不以主唱腳色為受詞，因此不加於主唱腳色之上。故此一動詞的使用，更顯示了元代刊鈔本為主唱腳色提供演出腳本的實質意義。

但須注意的是，在七個劇本之中，只有《看錢奴買冤家債主》使用了兩次，而《相國寺公孫汗衫記》一劇則在動作提示上，共使用了約六十六次的「等」字，其他除了《楚昭王疏者下船》一劇無有科白，暫且不論之外，另外四個有科白的《泰華山陳摶高臥》、《張鼎智勘魔合羅》、《死生交范張雞黍》、《醉思鄉王粲登樓》等劇，則均未出現此一提

示用法。這種現象也出現在其他元代刊鈔本的記錄中，在三十一種刊鈔本中，只有《好酒趙元遇上皇》、《馬丹陽三度任風子》、《漢高皇濯足氣英布》、《蕭何月夜追韓信》、《陳季卿悟道竹葉舟》等五個劇目大量在動作提示中使用「等」字，《承明殿霍光鬼諫》、《諸葛亮博望燒屯》兩種偶一為之，其餘劇目則多數並不涉及。筆者大膽推論，這種現象應是由於「等」字的用法並非元刊雜劇使用的常態所致。「等」字的「上引號」意義，在劇本中隨時可以被腳色、人物，及表演動作所取代，而非必要的提示方式。至於使用與否，則視刊行者或是腳本使用者的慣性而定，所以才會出現有些劇本頻繁的出現「等」字，有些劇本則一字不提的情況。

　　元代刊鈔本中所刊鈔的動作提示，可以算是此本在追求簡單扼要的情況下，幸運保存下來讓後人尚可循跡探索的重要資料。雖然用字過於簡省且時下術語太多，以致有含混不明的情況，但經過特殊提示用語的反覆探求，及其可能演出動作的串連，仍使其保有描繪劇情輪廓之可能。如再對照後出的版本，則原始劇情之有無，更可想像其大要。並且透過這些提示用語的保存，也讓我們對於當時的舞台表演、劇本的刊刻用途，甚至是劇團的運作概況，都有了更進一步的瞭解。

第二節　明代宮廷本動作提示之重整與改訂

　　明代宮廷本是一個完整的元雜劇版本，不論是曲文、賓

白、動作，都能詳實記錄，它既是一部舞台實錄，也可供案頭展讀。其動作提示用語的使用，不僅能提示演出者表演動作，即使置之案頭，亦能令讀者對於演員動作心生想像，宛如目前。而其科白之完整，又可提供對照底本，彌補元代刊鈔本簡陋的缺點，對於後人瞭解元本中特殊的動作提示用語，能有一定程度的助益。以下便就其版本之動作提示狀況，分析其保存之內涵與意義。

一、釐清元代刊鈔本之動作提示用語

元代刊鈔本慣用的「開」字，雖然在宮廷本的記錄中已逐漸消失，以本文探討的七個劇目而言，僅餘《西華山陳摶高臥》一劇之李開先《改定元賢傳奇》與息機子《元人雜劇選》二本，尚且保留「開」字的用法，其餘皆不見「開」字的蹤跡。而且就連同樣的版本，亦非全部都忠實的保留「開」字之用法，如《看錢奴買冤家債主》及《死生交范張雞黍》二劇，目前所見之息機子《元人雜劇選》中，亦無有與元代刊鈔本相應的「開」字記錄。

然而，對照元代刊鈔本的「開」字使用，與明代宮廷本的劇情相應之處，仍然對於元雜劇「開」字的使用頗具釐清的功效。以下便就七個劇目中元代刊鈔本使用「開」字之處，與宮廷本加以對照，以窺見「開」字的用法與演出程式，在元明兩代的變化：

【表 4-1】元代刊鈔本使用「開」字與宮廷本
劇情相應之科白對照表

劇目	折數	元代刊鈔本	宮廷本
泰華山陳摶高臥	一	（正末道扮上開）貧道陳摶先生的便是，能通陰陽妙理。五代間朝梁暮晉，塵世紛紛。這幾日太華山頂上，觀見中原地分旺氣非小，當有真命治世。貧道下山，去那長安市上開個卦肆指迷咱。（初編十一，頁數不明）	（正末道扮陳摶上開）[10]術有神功道已仙，閑來賣卦竹橋邊。吾徒不是貪財客，欲與人間結福緣。貧道姓陳名摶字圖南的便是，能識陰陽妙理，兼通遁甲神書。因見五代間世路干戈，生民塗炭，朝梁暮晉，天下紛紛，隱居太華山中，以觀時變。這幾日於山頂上觀見中原地分旺氣非常，當有真命治世。貧道因下山到這汴梁竹橋邊，開個卦肆指迷，看有甚人到來。（初編四，頁 1）
看錢奴買冤家債主	一	（淨扮賈弘義上開）（初編十二，頁數不明）	（淨扮賈仁上云）又無房舍又無田，每日破瓦窰內眠。空生帶眼安眉漢，則是手中無有錢。小可人曹州人氏賈仁的便是，幼年間父母雙亡，別無甚親眷，則我隻身獨自，人見我十分過的艱難，人口順都喚我做小賈兒。想我生於人世之間，可有那等騎鞍壓馬富貴奢華，喫好的穿好的用好的，他也是一世人，偏賈仁喫了那早起的無那晚夕的，每日夜燒地眠炙地臥，衣不遮身，食不充口，可也是一世人，天也，你也睜開眼波，窮殺賈仁也。我每日家不會做甚麼營生，則是與人家挑土築牆，和泥托坯，

---

10 此處宮廷本四個版本中，僅李開先《改定元賢傳奇》與息機子《元人雜劇選》二本用「開」字。

			擔水運漿，做坌工生活度日，到晚來在那破窯中安身，替人家打著一堵兒牆，打起半堵兒，我氣力不加，還有半堵兒牆不曾打的，我也乏困了，我且歇一歇，這里有一所東嶽靈派廟，我去這廟中訴我這苦楚，就燒一炷香去，天地，兀的不窮殺賈仁也。（初編六，頁2）
		（聖帝一行上開了）	（靈派侯領鬼力上云）敕賜堂堂廟宇隆，四瀆五嶽鎮西東。皇圖永固山河壯，造化窮通天地中。吾神乃東嶽殿前靈派侯是也。想東嶽泰山者乃群仙之祖，萬峰之尊，天帝之孫，……天地循環，周而復始。便好道不孝謾燒千束紙，虧心枉熱萬爐香，神靈本是正直做，不受人間枉法賍。今陽世之間有一人，乃是賈仁，此一人在吾神廟中埋天怨地，且怨恨神明，不知有何緣故，此人若來呵，吾神自有箇主意，這早晚敢待來也。（頁1）
		（正末披秉扮增福神上開）小神乃天曹增福之神，今聞聖帝呼召，不知有甚事，只索走一遭去。	（正末扮增福神上云）小聖增福神是也，掌管人間生死貴賤高下六科長短之事，十八地獄七十四司，我想塵地之人心迷性痴，不知為善，你看那奈河潺潺金橋上並無一人也呵。（頁3）
	二	（正末藍扮同旦兒俫兒上開）小生姓周名榮祖，字伯誠，洛陽居住。渾家張氏，孩兒長壽。為家私消乏上，三口兒去曹州曹	（正末同旦兒領俫兒上正末云）小生曹州曹南人氏，姓名榮祖，字伯成，嫡親的三口兒家屬，渾家張氏，孩兒長壽兒，自進取功名去來，命運不通，三口兒去洛陽探親不遇，不想

		南鎮上探親來。⋯⋯	家業凋零，時遇冬天下著國家祥瑞。大嫂，好大雪也。（頁9）
	三	（正末又扮莊老上開）自曹州曹南莊上賣了長壽孩兒，又早二十年了呵。我曾口許下香願。婆婆，咱兩口兒泰安州還了香願，卻來曹州曹南打聽孩兒消息咱。	（正末同卜兒上，正末云）叫化咱叫化咱，呀呀呀，可憐見無捱無倚無主無靠，賣了親兒無人養濟，長街市上有那等捨貧咱波爺娘佛囉阿，吁，長壽兒也。（頁22）
	四	（正末卜兒上開）咱泰安州燒了香，兩口兒去曹州曹南打聽孩兒消息。咱共婆婆兩口兒虔心燒香，想神聖也多靈感呵。	（正末同卜兒上，正末云）婆婆，俺燒罷香也回去來。（頁26）
相國寺公孫汗衫記	一	（正末扮員外引卜兒外末外旦上開）老人夫南京人氏，姓張名文秀，婆婆趙氏，孩兒張孝友，媳婦李氏，在這馬行街居住。人口順，子喚我做張員外。平日好善，救困扶危。⋯⋯（初編十二，頁數不明）	（沖末扮正末淨卜兒張孝友旦兒興兒同上，正末云）老夫姓張名義字文秀，本貫南京人也，嫡親的四口兒家屬，婆婆趙氏，孩兒張孝友，媳婦兒李玉娥，俺在這竹竿巷馬行街居止，開著一座解典鋪指金獅子為號，人口順都喚我做金獅子張員外。時遇冬天，紛紛揚揚下著這國家祥瑞，大小哥在這看街樓上安排果桌，請俺兩口兒賞雪飲酒，是好大雪也。（初編五，頁1）
	三	（等長老上開住）	（長老上云）潤水煎茶燒竹枝，裓裟零落任風吹。看經只在明窗下，花落花開總不知。貧僧相國寺住持長老，今有箇陳相公做這無遮大會，一應人等都要捨貧散齋，都準備了這早晚，相公敢待來也。（頁31）

| 四 | （等外淨扮邦老趙興孫開住） | （趙興孫上云）舊恨每懷無義漢，深情必報有恩人。自家趙興孫的便是，自離了俺姑夫姑姑哥哥嫂嫂過，日月好疾也，今經可由十八年光景也，我到於半路一加稍打死解子，做了些不恰好的勾當，如今有些金珠財寶，與我那大恩人報恩答義去。白日裡不敢行，晚間纔敢行，有些朦朧月色，我不敢久停久住，報恩答義走一遭去。（頁44） |

　　上表所引的十一個「開」字用法中，由於元代刊鈔本刊刻之簡陋，可見的記錄唯有正末之「開」，而其中的用法皆為孫、曾二位學者所言之「通姓名、述本末」之唸白，這也是元代刊鈔本可資驗証的內容中，最常見的「開」字用法。

　　將元代刊鈔本對照於明代宮廷本，則同樣的六個正末使用「開」字之處，僅有《泰華山陳摶高臥》一劇之陳摶「開」，加入了詩句，並幾近完整的保留了原本「通姓名、述本末」之唸白，另外五處的正末賓白中，則僅有「通姓名、述本末」之唸白，而無有上場詩。可見元代刊鈔本之「開」，確實隱藏有「人物初上場時之誦唸詩句」之可能，但如果說元代刊鈔本是因為刊刻之簡陋而省略了上場詩，那麼宮廷本的內容間接說明了上場詩並非「開」字的必要用法，只是其中一種開場的方式，元代刊鈔本以上場詩「開」的現象，並不如想像之多。[11]

---

11 長松純子的《元雜劇上下場詩之研究》一文曾推論：「元代刊鈔本劇本上，有"開"字表示的地方，很有可能存在著上場詩。雖然元代刊

　　但在元代刊鈔本沒有賓白記錄的其他角色之「開」，宮廷本中則均錄有上場詩或上場對，如《看錢奴買冤家債主》第一折之淨賈仁與靈派候、《相國寺公孫汗衫記》第三折之相國寺長老與第四折之趙興孫等，這可能與各行腳色使用上場詩的慣性有關，而非單純「開」字使用的問題了。[12]

　　而元代刊鈔本「一折」用語的使用意義，與現今所見元雜劇中的「一折」，差別極大。對此，明代宮廷本也同樣提供了對照的範本，有助於我們作出具有參考價值的推論。以下筆者便以上述幾則元代刊鈔本中使用「一折」的例子，與宮廷本中相應的劇情之處，羅列表陳，以供對照：

　　鈔本中剩下的上場詩很少，但"開"的動作提示來能推測元代戲劇中的上場詩的一定數量。」（武漢大學藝術學所碩士論文，2005，頁 17）並以此計算元代刊鈔本雜劇上場詩的數量。此一推論，值得再作商榷。

12 陳志勇〈論北雜劇的上場詩〉以《元曲選》428 首上場詩統計的結果：「腳色上場念上場詩最多的是外、淨、沖末、丑等行當,他們合起來占全部腳色的約 70%。……正末、正旦兩個腳色的上場詩卻很少，尤其是正旦。」（《藝術百家》第 81 輯，2005 年 1 月，頁 63。）

【表 4-2】元代刊鈔本「一折」與明代宮廷本
相應之劇情對照表

劇目	折數	元代刊鈔本	宮廷本
張鼎智勘魔合羅	楔子 or 一	（二外一折）（初編十三，頁數不明）	（李老）李文道，你哥哥做買賣去了，你無事休去嫂嫂家去，我若知道，不道的饒了你孩兒去了也。我眼觀旌捷旗，耳聽好消息。（下）（旦上）妾身劉玉娘是也，有丈夫李德昌販南昌買賣去了，今日無甚事我開這絨線鋪，看有甚麼人來。（李文道上）自家李文道便是，開著個生藥鋪，人順口都叫我做賽盧醫，有我哥哥李德昌做買賣去了，則有俺嫂嫂在家，我一心愛上他，爭奈俺父親教我不要往他家去，如今瞞著父親推看他去，就調戲他，肯不肯不折了本，來到門道也，我自過去。（見旦科）嫂嫂，自從哥哥去，不曾來望你。（旦）你哥哥不在家，你來怎麼？（李）我來望你吃鍾茶，有甚麼事。（旦）這廝來的不好，我叫父親去，父親！（李老上）是誰叫我？（旦）是您孩兒（李老）孩兒你叫怎的（旦）小叔叔來房里調戲我來，因此與父親說（李老見科）你又來這里怎的（做打文道下）（李老）若那廝再來，你則叫我不道的饒了他里，我去家中打那弟子孩兒去（下）（旦）似這般幾時是了也，我收了這鋪兒，李德昌，你幾時來家，兀的不痛殺我也（下）（初編九，頁2）
	二	（外一折了）	（李）藥倒了也，我收拾了東西回家中去來（下）（頁11）

醉思鄉 王粲 登樓	楔子	（蔡邕一折了） （二編一，頁2）	脈藏古名家本此處無有相應劇情，但在緊接著王粲與母親上場的對話中提到「丞相寄書」之事，推想此處的表演，應與寄書調取王粲上京之事有關。而脈本這段相關情節，在第一折蔡邕上場時，才一併提及。
	一	（駕一折了） （頁2）	（按：脈藏古名家本此處亦無相應劇情，推測應該是論及求才之事，以為後文鋪陳。）
	二	（二淨一折） （頁10）	脈藏古名家本此處雖無相應劇情，但在後面二淨上場到見王粲之前，有一段科諢，可能與此相關，暫且羅列： （二淨）我知道那壁莫非仲宣否（卒）怎麼是仲宣否？（蒯）你不知道不字底下著個口字，是個否字，他見了我老蒯，教他不開口（二淨見末云）久聞賢士大名，如雷貫腿（卒）怎麼是如雷貫腿？（淨）我盤盤他的跟腳，把文溜他一溜，賢士你知道，禮之用和為貴，先王之道打折腿。小大由之，有所不行，知和而和，不以禮節之，亦不可跑也。（二編一，頁14）
	四	（駕一折） （頁28）	（按：脈藏古名家本此處亦無相應劇情。以整體劇情觀之，應是皇帝喜得賢才或賜封賢才之類的情節。）

　　兩相對照之下可以推想，《張鼎智勘魔合羅》的「二外一折」，可能是指李文鐸調戲劉玉娘的段落，也可能是指李伯英警告李文鐸不可上門調戲嫂子的段落，[13]總之，皆在於

---

13 此處「二外一折」可能是指李老與李文鐸的對話，也可能是指李文鐸調戲兄嫂之情節，故置於「楔子」與「第一折」之間。徐沁君《新校元刊雜劇三十種》此作「旦、外一折」，註曰：「『旦』原作『二』。今改。本劇『外』扮李文鐸。據陳、臧、孟各本本折開頭，有李文道（鐸）調戲李德昌妻劉玉娘的情節。元本「旦、外一折」，當即演此

演述李文鐸調戲劉玉娘的相關情節；而「外一折」，則應如
上節所述，為李文鐸做一段「表演搜錢、取物並用馬將之馱
走等情節」的表演。其中雖然也有好幾處在宮廷本相對之處，
找不到可以比附的相關劇情，但由其夾雜於前後劇情之中的
情況，亦可以猜得其可能情節及演員做表內容，如《醉思鄉
王粲登樓》中「蔡邕」與「二淨」的一折，應皆是挪後並敘，
令蔡邕於第一折上場時及蒯越蔡瑁二淨見王粲前做表，以免
演員幾番上下的麻煩，劇情依然通暢合理；而同劇中的二「駕」
一折，應是演皇帝上台說明求才與封賢之事，可能由於宮廷
「扮駕」之避諱而整段遭刪減，但不影響全劇的發展。可見
「一折」如上節之所論，為元雜劇中一段科白完整的獨立表
演，演員可以自由發揮，編劇可以隨意拆解組合，方為接近
元代刊鈔本使用此一舞台提示的真相。

　　明代宮廷本在動作表演的意義上，最大的貢獻應該是把
元代刊鈔本中所省略的內容，一一還原、完整，讓我們可以
看到有頭有尾的表演內容。雖然其中不免含有許多改編與加
料，但如佐之以二者之間動作吻合程度的觀察，慢慢尋跡探

事。『二』字為『旦』字上部殘損所致，非謂兩個『外』角也。」（頁
416）。而鄭騫《校訂元刊雜劇三十種》仍作「二外一折」，且置於
「楔子」之末。（頁 227）根據筆者觀察此劇元刊影本，刊刻尚稱清
晰，不似有徐氏所謂「上部殘損」之情況。洛地與解玉峰則根據此段
劇情，認為「二外」亦指稱「旦、外」，以為元雜劇中，主唱之外的
腳色都可以稱「外」。但其實脈望館藏古名家本雜劇此一劇本，在「旦
下」及「正末上」之間，除了有李文鐸（脈本稱「李文道」）調戲劉
玉娘的情節之外，其前亦有李老（李伯英）囑咐李文道不要去嫂嫂家
的情節，所謂「二外一折」也有可能是指這一段情節，且元本之中劉
玉娘出場時皆稱「旦」而非「外」，因此「二外」指的也有可能是「李
伯英、李文鐸」。

求，仍然可以看到元代刊鈔本簡略提示下之可能內容。其運用的例子與研究的結果，除了上述之「開」與「一折」等用語之外，其他如元代刊鈔本以「了」、「住」字所節錄的科白，在宮廷本中大都可以找到相對應的表演內容，歷歷可証，此處不再贅述。

二、動作表演之逐漸程式化

在元雜劇中，有許多固定表演模式的內容，亦經常為元代刊鈔本所簡略帶過，但明代宮廷本則多半能不厭其煩的忠實呈現，載入劇本之中，讓後人可以看見完整表演的實況。如在元代刊鈔本《醉思鄉王粲登樓》一劇第一折中有「外把盞，三科」的動作提示，這樣的提示內容，對於沒有舞台經驗的讀者，甚至是並非得到直接傳授的表演者，都難以明白其中意涵，但如果對照以宮廷本的內容，這個提示之謎，便可輕易解開了。此段內容在宮廷本相應之處載有：

> （遞酒科，蔡）這盃酒當與王粲拂塵，王粲近前接酒！
> （末）將來！（蔡）住者這酒未到你哩，老夫年邁了
> 也，有失禮體，放著翰林院大學士在此，那里有王粲
> 先接酒之理，學士滿飲此杯！（曹接酒云）賢士先飲
> 此盃！（末）學士請！（曹）賢士勿罪！（飲科，蔡）
> 這盃酒可到王粲，王粲接酒！（末）將來！（蔡）住
> 者，未到你哩，學士一隻腳兒兩隻腳兒來飲個雙杯！
> （曹飲科，蔡）這盃酒可到王粲，王粲接酒！（末）
> 將來！（蔡）住者，未到你哩，學士飲個三杯和萬事！

（曹）一醉解千愁！（二編一，頁6）

此處欲遞不遞，要給不給的勸酒情節，同樣的動作，正好重複三次，與元代刊鈔本之「外把盞，三科」的動作提示，恰好吻合，元代刊鈔本所提示的演出內容，應與宮廷本所記錄的內容，相去不遠。宮廷本的記錄，正好可以彌補元代刊鈔本不明的內容，讓後人得知「三科」的表演實義。

其實明代宮廷本中所保留「三科」的表演記錄，較元代刊鈔本多出許多。如《看錢奴買冤家債主》一劇中，使用「三科」的次數，便有五次之多，分別是：

（正末云）小生曹州曹南人氏，姓周名榮祖字伯成。

（三科了）（初編六，第二折，頁14）

（正末云）……咱孩兒也，你如今過去，他問你姓甚麼，你說我姓賈。（俫兒云）我姓周！（正末云）姓賈！（三科云）（第二折，頁16）

（賈仁云）……我兒也，你今日到我家裏，一聲街上人問你姓甚麼，你便道是我姓賈。（俫兒云）我姓周！（賈仁云）姓賈！（三科了）（第二折，頁16）

（卜兒云）好兒也，明日與你做花花襖子你穿，有人問你姓甚麼，你道我姓賈。（俫兒云）我姓周！（三科了）（第二折，頁16）

（賈仁扮魂子上云）……兀的老子，那箇是你的兒子！

（認科，俫兒打科）（賈仁又上云）兀那小的，那箇是你老子！（三科了）（下）（第三折，頁24）

在《相國寺公孫汗衫記》也曾出現三次：

（正末云）釃將那熱酒來，與他喫些！（張孝友云）

　　理會的。兀那君子，你飲一盃！（邦老做飲酒科云）
　　是好熱酒也！（正末云）著他再飲一盃！（張孝友云）
　　理會的，你再飲一盃！（邦老云）好酒好酒，我再喫
　　一盃！（三科了）（第一折，初編五，頁3）

　　（正末云）……我要你叫！（卜兒云）我不叫，我不
　　叫！（正末云）我要你叫，要你叫！（卜兒云）我不
　　叫，我不叫！（三科了）（第三折，頁34）

　　（正末云）相公老漢年紀高大錯認了，相公休怪！（正
　　末做跪，三科了）（第三折，頁39）

　　這些內容，雖然未將表演的狀況，一一實錄，但只記錄
一或兩次的表演內容，而提示曰：「三科了（少數用「三科
云」）」，其「了」字的用法，與元代刊鈔本中用以提示動
作時的意義無別，即有省略部分動作內容而後完結的意思。
即指示演員或提示讀者，此處之表演乃按照以上表演內容，
再做滿三次，以符合舞台上喜歡重複三次的表演程式。但這
當中多處的內容，在元代刊鈔本中連簡單的「三科」二字提
示均未出現，這也有可能表示，「三科」的表演，雖於元代
的演出已見雛形，但真正成為一種動作程式，為舞台上所襲
用，要到明代的表演之中才真正的成形。

　　另外，還有一些首見於明代宮廷本中的特殊動作用語，
應該也與當時慣用的表演動作程式相關，如本文所探討的七
個劇目之中，筆者便已發現明代宮廷多次使用「發科」之
表演提示用語。列舉如下：

　　（淨）令史你來，恰纔那人舒著手與了你幾個銀子，
　　你對我實說。（令史）不瞞你說，與了五個銀子。（淨

發科了）（同下）（《張孔目智勘魔合羅》第二折，
初編九，頁 15）

（令史）大人爺爺，張鼎罵你胡蘆提（孤）張鼎，阿
誰胡蘆提（令史）張鼎說，大人胡蘆提（孤）張鼎，
阿誰胡蘆提（末跪科，孤）我纔理任三日，你說我胡
蘆提，……兀那廝近前來，這庄事就分付與你，三日
便要問成，問不成呵，我不道饒了你里。……（下）
（令史發科下）（《張孔目智勘魔合羅》第三折，頁
21）

（正末云）則願俺的長壽兒子早早相見咱！（小末做
打噴嚏科云）阿嚏！（興兒云）阿嚏！（發科了）（廟
官云）阿嚏！（發科了）（《看錢奴買冤家債主》第
三折，初編六，頁 25）

從上下文大約可以理解，明代宮廷本中所謂「發科」的
內容，應為「插科打諢」之趣味表演，但表演的內容究竟為
何，則無法從中掌握。推想有可能是因為這些「發科」的內
容，為當時表演者所熟悉，有其固定的幾套表演模式，劇本
中不加以記錄，則可以保留表演者臨場發揮的空間，隨機套
用。就像現今戲曲舞台丑腳插科打諢的表演，也經常是套用
程式，當中再穿插時事，臨場發揮，如此便容易抓住觀眾的
心，讓人會心一笑。相反的，如果劇本早已安排固定，演員
上場時照本宣科，反而失去表演的彈性，也可能因此無法製
造出令人驚喜的效果。所以，僅記錄以「發科」，保留演員
發揮的空間，也給觀眾出乎意料的演出內容，這種安排，是
可以理解的。

　　明代宮廷本科白中尚有一類演出描述，清楚的記錄了元雜劇演出動作的程式，那就是人物的出場。在宮廷本中見官的場景裏，經常在某一人物出場前，會藉由其他場上人物的刻意提醒，以集中該人物出場的焦點，其做法如《醉思鄉王粲登樓》中的四個例子：

> （孤扮蔡邕引從人上）……早朝已與子建學士說知向上之事，這早晚敢待來也，令人門首覷者，學士來時，報復我知道！（應科，沖末扮曹子建上）……（第一折，二編一，頁5）
>
> （蔡）……王粲明明的賫發與他，後來做個大大証見。（曹）待賢士後來，小官自有主張（蔡）令人門首覷者，王粲來時報伏我知道！（正末上）……（第一折，頁6）
>
> （荊）賢士請坐，某有二將乃蒯越蔡瑁，能調水兵三萬，巡綽邊境去了。小校，轅門外覷者，二將來時，報伏我知道！（卒應科，二淨上）……（第二折，頁14）
>
> （正末引眾上）……左右轅門首覷者，大小軍情事報我知道！（應科，蔡曹同上，蔡）……（第四折，頁28）

還有《楚昭公疎者下船》的四例：

> （羋旋云）此劍有何奇妙？（唱）這劍他煉精靈多氣爽有神威，真乃是免憂愁絕驚恐無危難，見如今河清海晏國泰民安。（正末云）小校門首覷者，看有什麼人來！（使命上云）……（第一折，初編六，頁6）
>
> （申包胥云）公子大事已定，二公子自然無事回還，小校門首覷者，若有人來時，報復我知道！（卒子云）

理會的！（芈旋云上）……（第四折，頁 30）

（正末云）兄弟俺慢慢的飲酒，令人門首覷者，看有
什麼人來，報復我知道！（卒子云）理會的！（旦兒
領俠兒上云）……（第四折，頁 32）

（芈旋云）哥哥，今日一家夫妻父子兄弟團圓，理當
慶賀也！令人門首覷者，看有什麼人來，報復我知道！
（秦昭公上云）……（第四折，頁 34）

　　在言談當中，卻忽然插入要小校留意門首，以告知來人，
接著此人隨即出場，這種出場方式，以現實而言並不自然，
但在舞台上，卻不失為集中焦點，介紹人物出場的好方法。

　　這種場景的處理，以上述二劇的例子而言，其於《醉思
鄉王粲登樓》一劇中，多數用法尚且細膩，至少令場上官人
先談及即將出場之人，才接著命屬下留意所論之人是否到
來，最後方帶出此人，但在《楚昭王疎者下船》一劇中的演
出，便無有追求合理的處理過程，而是直接套用。因而推想
這套演出的模式，應該已經頗能為當時劇場所接受，所以引
人上場見官，只消直接套用，便已安穩妥當，觀眾也習以為
常了。

　　可見在明代宮廷本中，有不少動作表演，在劇本中一再
重現，已成襲套，其中有些在元代刊鈔本中已見演出的跡象，
如「三科」之表演；有些則由於元代刊鈔本之簡陋，無以得
知其原始之有無，但在明代宮廷本中卻屢見不鮮，儼然已成
為明初演出元雜劇時的一類表演程式，如「發科」與見官之
表演。因此可見，明代宮廷本不但填補了元代刊鈔本可能的
缺漏，也讓我們看到了明初演出元雜劇的劇場狀況。

第三節　《元曲選》動作提示之
重整與改訂

　　明代宮廷本的動作提示內容，不僅讓我們可以瞭解元代刊鈔本文字記錄的意思，也讓我們從中想見元雜劇表演的概況，是一份珍貴的舞台記錄。但這些內容，到了沒有實際表演需求的《元曲選》之中，為求文字的通順，閱讀的明爽，有些已不具實際效果的演出提示，便一一產生了變化，以下分別說明之。

一、舞台專用術語的消失

　　以上節所列舉明代宮廷本中幾則「三科」動作提示而言，在《元曲選》的版本中劇情相同處，「三科」的動作用語已不復見。以下一一表列，以供對照：

【表 4-3】明代宮廷本「三科」提示與
《元曲選》內容之對應表

劇目	折數	明代宮廷本	元曲選
看錢奴買冤家債主	二	（正末云）小生曹州曹南人氏，姓周名榮祖字伯成。（三科了）（賈仁云）住了，我則問他一句，他就說了偌多的，我兩個眼裏見不的這窮廝。（頁14）	（正末云）小生曹州曹南人氏，姓周名榮祖字伯成。（賈仁云）住了，我兩個眼裏偏生見不的這窮廝。（頁7）
		（正末云）……咱孩兒也，你如今過去，他問你姓甚麼，你說我姓賈。（倈兒云）我姓周！（正末云）姓賈！（三科云）（正末云）他假似打你呵！（倈兒云）打殺我也則姓周。（頁16）	（正末云）……咱孩兒也，你如今過去，他問你姓甚麼，你說我姓賈。（倈兒云）我姓周！（正末云）姓賈！（倈兒云）便打殺我也則姓周。（頁8）
		（賈仁云）……我兒也，你今日到我家裏，一聲街上人問你姓甚麼，你便道是我姓賈。（倈兒云）我姓周！（賈仁云）姓賈！（三科了）（做打科云）這弟子孩兒，養殺也不堅。（頁16）	（賈仁云）……我的兒也，你今日到我家裏，那街上人問你姓甚麼，你便道我姓賈。（倈兒云）我姓周！（賈仁云）姓賈！（倈兒云）我姓周！（做打科云）這弟子孩兒，養殺也不堅。（頁8）
		（卜兒云）好兒也，明日與你做花花襖子你穿，有人問你姓甚麼，你道我姓賈。（倈兒云）我姓周！（三科了）（卜兒打科云）養殺也不堅。（頁16）	（卜兒云）好兒也，明日與你做花花襖子你穿，有人問你姓甚麼，你道我姓賈。（倈兒云）便做大紅袍與我穿我也則是姓周！（卜兒打科云）這弟子孩兒，養殺也不堅的。（頁8）
	三	（賈仁扮魂子上云）……兀的老子，那箇是你的兒子！（認科，倈兒打科）（賈仁又上云）兀那小的，那箇是你老子！（三科了）（下）（小末云）父親父親！（正末應科）哎哎哎！（小末打科云）興兒，	（賈仁扮魂子上云）……兀的老子，那個不是你的兒子！（正末做認科）俺那長壽兒也！（小末打科）（賈仁又上云）兀那小的，那個不是你老子！（小末叫科云）父親父親！（正末應云）哎哎哎！（小

		打這老弟子孩兒！（頁24）	末云）興兒，與我打這老弟子孩兒！（頁12）
相國寺公孫汗衫記	一	（正末云）醞將那熱酒來，與他喫些！（張孝友云）理會的。兀那君子，你飲一盃！（邦老做飲酒科云）是好熱酒也！（正末云）著他再飲一盃！（張孝友云）理會的，你再飲一盃！（邦老云）好酒好酒，我再喫一盃！（三科了）（正末云）兀那君子，你這一會兒比頭裡那大雪裏凍倒的時分可是如何也？（頁3）	（正末云）醞將那熱酒來，與他吃些！（張孝友云）兀那君子，你飲一盃兒熱酒咱！（邦老做飲酒科云）是好熱酒也！（正末云）著他再飲一盃！（張孝友云）你再飲一盃！（邦老云）好酒好酒，我再吃一盃！（正末云）兀那漢子，你這一會兒比頭裡那大雪裏凍倒的時分可是如何？（頁1）
	三	（正末云）……我要你叫！（卜兒云）我不叫，我不叫！（正末云）我要你叫，要你叫！（卜兒云）我不叫，我不叫！（三科了）（正末云）你也不叫我也不叫，餓他娘那老弟子。（頁34）	（正末云）……我要你叫！（卜兒云）我不叫，我不叫！（正末云）我要你叫，要你叫！（卜兒云）我不叫，我不叫！（正末云）你也不叫我也不叫，餓他娘那老弟子。（頁9）
		〔唱〕…老漢可便眼昏花，錯認了你箇相公你便休怪！（正末云）相公老漢年紀高大錯認了，相公休怪！（正末做跪，三科了）（小末云）這老的拜將下去，我背後恰便似有人推起我來一般，莫不這老的他福分到大似我。不怪你，你回去！（頁39）	（正末云）相公恕老漢年紀老了！〔唱〕我老漢可便眼昏花錯認了你個相公休怪！（正末做跪拜請罪科）（小末云）兀那老的拜將下去，我背後恰便似有人推起我來一般，莫不這老的他福分倒大似我。我不怪你，你回去！（頁10）

其中「三科」用語的刪去，通常直接進行，只保留原本一次或兩次的動作，後面便不再提示「三科了（或三科云）」，但若在原本中後續對話與「三科」的表演相關，《元曲選》則稍作修改，使其敘述合理。如《看錢奴買冤家債主》第二折中，周榮祖見賈仁時介紹自己姓名的表演，按原本的設計，

正末需連續做三次，故而後面才接著有賈仁說道：

> 住了！我則問他一句，他就說了偌多的，我兩簡眼裏，
> 見不的這窮廝。（第二折，初編六，頁 14）

這「偌多的」乃承續著正末「介紹自己姓名」的「三科」而來，若無有「三科」的表演，則「偌多的」形容便無處落實。故而當《元曲選》此處刪去了原有「三科了」的提示，接著便也必定要刪去「偌多的」話語，而只作：「住了！我兩個眼里，偏生見不的這窮廝。」可見臧懋循乃刻意刪去「三科」之用語，故其改編的賓白也能追求一致性的效果，使劇本在經過修改後，仍能呈現內容之合理，不留疏漏。

　　相對於「三科」的提示，在明代宮廷本仍然明顯可見其演出輪廓的情況，另一動作提示「發科」的意義，在宮廷本中便沒有如此清楚的記錄了。在明代宮廷本中，往往只留下「發科」的提示，實際表演內容則留予演員臨場發揮，對此，失去表演舞台的《元曲選》，僅能改以實際的科白呈現，其記錄對照如下：

【表 4-4】明代宮廷本「發科」提示與《元曲選》內容之對應表

劇目	折數	明代宮廷本	元曲選
張孔目智勘魔合羅	二	（淨）令史你來，恰纔那人舒著手與了你幾個銀子，你對我實說。（令史）不瞞你說，與了五個銀子。（淨發科了）（同下）頁 15	（孤云）令史，你來，恰才那人舒著手，與了你幾個銀子？你對我實說。（令史云）不瞞你說，與了五個銀子。（孤云）你須分兩個與我。（同下）（頁 6）

	三	（令史）大人爺爺，張鼎罵你胡蘆提（孤）張鼎阿誰胡蘆提（令史）張鼎說，大人胡蘆提（孤）張鼎，阿誰胡蘆提（末跪科，孤）我纔理任三日，你說我胡蘆提，……兀那廝近前來，這庄事就分付與你，三日便要問成，問不成呵，我不道饒了你里。……（下）（令史發科下）（頁21）	（令史）大人，張鼎罵你葫蘆提也！（府尹云）張鼎，是誰葫蘆提？（令史）張鼎說，大人葫蘆提！（府尹云）張鼎，是誰葫蘆提？……兀那廝，近前來，這庄事就分付與你，三日便要問成，問不成呵，我不道饒了你哩。……（下）（令史云）左右你的頭硬，便試一試銅鍘，也不妨事。（頁9）
看錢奴買冤家債主	三	（正末云）則願俺的長壽兒子早早相見咱！（小末做打噴嚏科云）阿嚏！（興兒云）阿嚏！（發科了）（廟官云）阿嚏！（發科了）（頁25）	（正末云）則願俺長壽兒早早相見咱！（小末做打噴嚏科云）阿嚏！（興兒上云）阿嚏，阿嚏！（廟官上云）阿嚏，阿嚏！（頁12）

　　兩相對照之下，可以明顯的發現，明代宮廷本的「發科」記錄，到《元曲選》成了「你須分兩個與我。」（《張孔目智勘魔合羅》第二折）「左右你的頭硬，便試一試銅鍘，也不妨事。」（《張孔目智勘魔合羅》第三折）等諢語，或連續打噴嚏的逗趣動作內容（《看錢奴買冤家債主》第三折），由此可見「發科」一語之「插科打諢」性質。二者的差別在於，明代宮廷本「發科」的記錄留下了演員自由發揮的表演空間，而《元曲選》則是試圖以完整的文字記錄，令讀者讀之無礙。

二、慣用動作程式的減省

　　而針對宮廷本中人物登場見官場景的演出程式，《元曲選》中也不再頻繁使用，多數劇情均已取消不自然的探問模式，而是直接鏡頭轉換，使該人物逕自登場，連接劇情。其變化如下表：

【表 4-5】明代宮廷本見官程式與《元曲選》內容之對應表

劇目	折數	明代宮廷本	元曲選
醉思鄉王粲登樓	一	（孤扮蔡邕引從人上）……早朝已與子建學士說知向上之事，這早晚敢待來也，令人門首覷者，學士來時，報復我知道！（應科，沖末扮曹子建上）……（頁5）	（外扮蔡邕引祇從上）……早朝下來，已與曹子建學士說知向上之事，這早晚敢待來也，左右門首覷者，學士來時，報復我知道！（沖末扮曹子建引祇從上）……（頁2）
		（蔡）呀學士來也，學士今早朝中所言王粲之事見麼？（曹）小官見來！（蔡）白金一錠、春衣一套、駿馬一疋、薦章一封，王粲明明的賚發與他，後來做個大大証見。（曹）待賢士後來，小官自有主張（蔡）令人門首覷者，王粲來時報伏我知道！（正末上）說話中間，可早來到也！令人報伏去道，有高平王粲特來拜見。（頁6）	（蔡相云）學士來也，學士今早朝中所言王粲之事，可是這等做的麼？（曹學士云）老丞相高見，正該如此，但小官虛做人情，不無惶愧！（正末云）這是丞相府門首，左右報復去道，有高平王粲特來拜見。（頁2）

	二	（荊）賢士請坐，某有二將乃蒯越蔡瑁，能調水兵三萬，巡綽邊境去了。小校，轅門外覷者，二將來時，報伏我知道！（卒應科，二淨上）……（頁14）	（荊）賢士請坐，某有二將乃蒯越蔡瑁，能調水兵三萬，巡綽邊境去了。小校，轅門外覷者，二將來時，報伏我知道！（卒子應科，二淨扮蒯越蔡瑁上云）……（頁6）
	四	（正末引眾上）王粲誰想月今日也呵！〔唱〕……今日個崢嶸日豈承望！左右轅門首覷者，大小軍情事報我知道！（應科，蔡曹同上，蔡）……（頁28）	（正末引卒子上云）王粲誰想月今日也呵！〔唱〕……今日個崢嶸日豈承望！（蔡曹同上，蔡相云）……（頁11）
楚昭公疏者下船	一	（芈旋云）此劍有何奇妙？（唱）這劍他煉精靈多氣爽有神威，真乃是免憂愁絕驚恐無危難，見如今河清海晏國泰民安。（正末云）小校門首覷者，看有什麼人來！（使命上云）……（頁6）	（唱）……這劍他煉精靈多氣爽助神威，真乃是免憂愁絕驚恐除危難，見如今河清海晏國泰的這民安。（使命上詩云）……（頁2）
	四	（申包胥云）公子大事已定，二公子自然無事回還，小校門首覷者，若有人來時，報復我知道！（卒子云）理會的！（芈旋云上）……（頁30）	（申包胥云）主公，吳兵已退，楚國重安，此乃如天之喜，且省煩惱！（芈旋云上）……（頁9）
		（唱）我那裡再尋個同胞共乳的兄弟。（正末云）兄弟俺慢慢的飲酒，令人門首覷者，看有什麼人來，報復我知道！（卒子云）理會的！（旦兒領俫兒上云）……（頁32）	（唱）我那裡再尋個同胞共乳的兄弟。（旦兒領俫兒上云）……（頁10）
		（芈旋云）哥哥，今日一家夫妻父子兄弟團圓，理當慶賀也！令人門首覷	（芈旋云）哥哥當日在漢江之上情願捨了嫂嫂姪兒，留您兄弟，豈知嫂嫂

		者，看有什麼人來，報復我知道！（秦昭公上云）……（頁34）	姪兒安然無事，可見天道無親，常與善人，信不誣也！（秦百里奚上云）……（頁10）

　　在上述《醉思鄉王粲登樓》及《楚昭公疏者下船》的八個例子中，《元曲選》只留下《醉思鄉王粲登樓》中曹子建及蒯越、蔡瑁二將登場時的領出語，這兩則例子前後連貫合宜，在文字閱讀上皆尚稱順暢，故可直接保留，不成問題。但同劇之另外二則便不復留存，可能是基於重複過多等考量，被臧懋循選擇性的刪除了。而《楚昭公疏者下船》中的四個例子，則程式之套用明顯可見斧鑿之跡，雖然就演出而言，觀眾可能由於欣賞慣性而不覺突兀，但置之於案頭，則這樣跳躍的文字，便可能令已逐漸遠離元雜劇舞台的讀者，感覺生硬而難以接受了。

　　以上兩類變化，若從保存元雜劇專業術語或元雜劇舞台實況的意義而言，當然是一種破壞，必遭非議，但如果從閱讀的順暢而言，則這樣的改編無疑是有益的。畢竟在不具表演背景的時空中，對於一般讀者而言，「三科」、「發科」等術語，不見得是眾所周知的常識；而繁複的演出程式，在沒有舞台效果展現的情況下，將之置於劇本之中，亦徒然增添閱讀障礙而已。所以這些內容，在追求閱讀目的的《元曲選》中，會一一消失或減省，也是可以想像的結果。

三、增加有助閱讀理解的動作提示

　　雖然如此，但《元曲選》對於其他一些容易理解的動作

提示，還是儘量保留，甚至是增加提示的。一般而言，劇本中的動作提示，若非涉及專業的劇場術語或不同的時代語言，並不會影響內容的理解，從另一角度來看，反而有助於釐清內容的性質，或增加讀者對於劇中情境的想像，更能直接進入狀況或融入人物的情感。所以，就元雜劇的動作提示而言，《元曲選》相較於其他版本，有時反而顯得更為清晰明白。

　　比如在元雜劇中，經常有誦唸詩詞、歌謠或道情等韻文的內容，這些文字在其他版本的賓白中，與散文夾雜，並未特別區分。其實，如果僅是用以為掌記，或呈現演出的記錄，那麼由於演員自身的經驗與事前的傳承練習，韻散不分的內容，基本上不會造成太大的困擾。但如果是用來案頭觀賞，那麼忽韻忽散、忽文忽白的內容，便容易造成閱讀上的障礙，影響讀者對於內容情境的體會。所以，每當賓白中出現詩句或韻文時，《元曲選》幾乎都加強註明，並且根據不同的文體，區分以「詩云」、「詞云」或「歌曰」等提示，讓讀者便於轉換心情，感受不同文體的韻味。

　　又如在其他動作提示上，《元曲選》的標註也不含糊，甚至有較其他版本詳細的傾向。以本文探討的七個劇目而言，將《元曲選》與明代宮廷本對照而觀之，除改編的情節動作之外，其他如《楚昭公疏者下船》中的「哭科、報科、做悲科、做見悲科、做驚科」、《看錢奴買冤家債主》中的「做問科、回云、做應科、做拜謝科、做供酒科、做同進科、做嘆科、又做揖科、做向古門叫科、做寫科、做聽科、做叫科、做怕科、做打科、做心疼科、做認科、同眾拜伏科」、

《相國寺公孫汗衫記》中的「送酒科、背云、做拜下樓科、做謝科、做趕科、哭科、行科、內叫科、做大笑科、做認科」、《死生交范張雞黍》中的「報科、做哭科、嘆科、做辭墓科、喝云、不肯跪科、謝恩科」、《張鼎智勘魔合羅》中的「拖旦下、與張千做耳喑科、慌科、拜謝科」、《醉思鄉王粲登樓》中的「出要住科、嘆科、做上樓科、拜科」等，都是仔細比對兩類版本之後，發現《元曲選》較宮廷本增出的動作提示。這些增加的提示之中，有些是人物的動作，有些是人物的情緒，有些則與舞台的位置相關，雖然劇本中也有一些不及宮廷本詳細之處，但整體而言，《元曲選》對於劇中人物情緒、動作的掌握與表達，其清晰程度，較之於先前的版本，是有過之而無不及的。

由此可見，縱使《元曲選》之刊行，已非為符合演出需求，但作為一個案頭展讀的刊本，尤其是當讀者可能已經無法再看到該劇演出的時候，只要不是專業的劇場術語或不同的時代語言，適當的舞台表演提示，也是有助於讀者瞭解劇中情境的，故而，對於這類的舞台提示，臧懋循在整編《元曲選》時，都是選擇保留或增加的。

小　結

在逐一檢視與比對元雜劇各階段版本的動作提示用語，並且加以分析歸納之後，存在於每個時期的元雜劇版本之中，其特殊提示用語的意義及其使用的慣性，大都可以得到通順的理解，對於我們解讀各階段的元雜劇版本，有莫大的

助益。

　　在元代刊鈔本中，由於時代的久遠及刊刻的簡陋，存在於其間動作提示用詞的晦澀難解程度，遠遠超過其他兩種版本。這些耐人尋味的用詞問題，有些經過前輩學者的反覆討論，已得到近於成熟的答案，本文經過實例的比對，更印証的前人的部分說法，如「開」與「一折」等用詞。而元代刊鈔本以「科、了、住」為動作提示的下引號，及以「等」字為上引號的用法，經過分析歸納之後，也漸漸清楚。而這些用詞的意義，則除了「科」字尚保留於後兩階段的版本中，尚能為後人所理解之外，其餘如「了、住」的收束停止之意，「等」的提醒主唱腳色等候之用法，則因其幾乎完全消失於後來的版本之中，故漸漸不為後人所識，經過分析歸納後，亦可重現其意義。

　　而由於科白之完整，存在於明代宮廷本中的動作提示，幾乎皆能清晰體現，即使元雜劇的舞台已經消失，但後人透過宮廷本的記錄，仍能清楚想見當時表演的景況。而且宮廷本的動作提示之清楚，還能有助於我們理解隱藏在元代刊鈔本中晦澀的用詞，具有重要的史料意義。但宮廷本中有許多科白，顯示其表演方式存在不少動作程式，這些表演方式有的在元代便已成形，但使用頻繁的現象，仍要到明代宮廷本才得以突顯，還有一些則未見於元代刊鈔本之中，而宮廷本中則屢見不鮮的表演動作，這可能顯示兩代的表演方式，存在著許多的差異，明初的元雜劇表演，對於動作程式的使用慣性，有可能遠遠超過元代。

　　《元曲選》的版本，對於明代宮廷本而言，亦有著釐清

的功能，透過兩者的比對，同樣可還原宮廷本中部分用語的
意義，如「發科」。《元曲選》屢次刪改宮廷本中的動作程
式，以求案頭展讀之流暢，突顯著《元曲選》以提供閱讀為
主要功能的編輯導向。相形之下，《元曲選》也刪去了某些
記錄程式的術語，讓脫離劇場環境的讀者，減少理解的困難。
但這並不意味著《元曲選》對於動作記錄不重視，相反的，
做為一個失去舞台的案頭版本，《元曲選》反而能適當的將
表演化為文字，更清楚的標示文字的表演方式，如「詩云」、
「詞云」、「歌曰」及其他具體的科介，將舞台表演形象化，
讓讀者更順利進入情境。

第五章　元雜劇三階段版本之
演員排場差異

　　戲劇重排場，排場是否好看，對於一部戲的演出是否成功，有著極大的影響。

　　何謂「排場」？以字面而言，在戲劇上便可以簡單的解釋為「戲劇表演的場面」。只是這個「場面」究竟如何形成？構成「表演場面」的戲劇元素為何？歷來運用「排場」一詞討論戲劇者，觀點似乎並未完全一致，當中仍存在著不少紛歧。

　　關於「排場」定義，曾永義教授在〈說「排場」〉一文中，對於歷來曲壇上的說法，有詳細的整理介紹，[1]並提出個

1　曾永義教授提出關於「排場」一詞：「直到清康熙間洪孔，才成為戲曲創作的要件。」而結論從清代自今，幾位有曾對戲曲排場提出見解之曲家的具體排場概念，如：「洪昇所謂的『排場』，從上下文推敲，大概偏向於『關目情節』，孔尚任顯然指舞台上所表現的『局面境界』而言。」民國以後的曲論家如：「許氏（許之衡）認為排場變動取決於劇情轉移，而劇情的表現則依存於聯套的配搭和曲牌的性質。」「王氏（王季烈）認為一部傳奇的排場『務使離合悲歡錯縱參伍』，其方法是選擇宮調、分配腳色、布置劇情都要使之不重複。……」吳梅則提出「排場冷熱」應當調劑的看法。張清徽則以五個標準為傳奇分場：「（一）關目情節的輕重（二）腳色人物的主從（三）套數聲情的配搭（四）科介表演的繁簡（五）穿關砌末的運用」（曾永義，《詩歌與戲曲》，〈說「排場」〉，聯經出版事業公司，1988年，頁351-401）

人重要的見解：

> 所謂「排場」是指中國戲劇的腳色在「場上」所表演
> 的一個段落，它是以關目情節的輕重為基礎，再調配
> 適當的腳色、安排相稱的套式、穿戴合適的穿關，通
> 過演員唱作念打而展現出來。就關目情節的高低潮以
> 及其對主題表現所關涉的程度而分，有大場、正場、
> 短場、過場四種類型；就表現形式的類型而言，有文
> 場、武場、文武全場、同場、群戲之別；就所顯現的
> 戲劇氣氛而言則有歡樂、游覽、悲哀、幽怨、行動、
> 訴情等六種情調；後二者其實是依存於前者之中。因
> 之標示「排場」當斟酌這三種狀況，然後方能充分的
> 描述出該排場的特質。[2]

可見，影響排場的要素，大致包含演出的情節關目、音樂曲套、穿關砌末，及演員在「場上」與其唱作念打等表演。這些因素決定了排場的大小、主副、長短、文武、悲喜，並開啟觀眾視覺、聽覺等感官的饗宴。

在這個基礎上，游宗蓉進一步作《元雜劇排場研究》一文，[3]針對元雜劇的排場，提出了具體而深入的探討。其中除了延續曾文之說，對於排場的分類給予更明確的定義之外，也針對現今可見元雜劇約二百三十五本作了詳細的分場。十分具有參考價值，為本文提供了論說的基礎。

在此之前，筆者一系列的元雜劇三階段版本比較探討

---

2 同註 1，頁 396。
3 游宗蓉，《元雜劇排場研究》，收錄於《古典文學研究輯刊》二編第
　18 冊，新北：花木蘭文化出版社，2011 年。

中，曾討論過元雜劇不同階段之曲文、韻白之差異，[4]本書的
前四個章節，也已針對元雜劇七個劇目的不同階段版本之情
節、人物、腳色、動作等元素，加以比較分析。故本章將在
影響戲曲排場的諸多要素之中，將焦點鎖定於「演員在場上」
之排場，簡稱「演員排場」，進行深入的研究。

　　王季烈曾經簡述「排場」一詞曰：「演劇者之上下動作
謂之排場。」[5]本文所欲探索之「演員排場」概念約近於此。
期待以「演員排場」為範疇，進一步了解元雜劇如何在排場
的考量下，安排上場之演員人數，及其上下場的方式與時機，
並討論在三個階段版本的記錄中，對於演員排場的藝術，又
有著何等差別之相關內涵。

第一節　元代刊鈔本之演員排場概述

　　關於元代刊鈔本的演員排場，目前尚未見具體討論之文
章，故筆者此處欲借前人之研究成果，約略加以表明。

　　據筆者所見，目前針對元雜劇之實際內容，進行排場分
析之研究者，唯游宗蓉《元雜劇之排場研究》一文而已。但
由於游氏分場，主要依據《元曲選》所選之劇目內容加以劃
分，僅在《元曲選》未選入之情況下，方以《元曲選外編》、

4　《明代流傳之元雜劇版本及其曲文改編研究》、〈元雜劇上場詩之階
　　段性差異研究〉、〈明代宮廷本元雜劇之劇末韻白研究〉、〈《元曲
　　選》劇末韻白之改編研究〉等文。
5　王季烈，《螾廬曲談》卷二「論作曲」中第四章「論劇情與排場」，
　　臺灣商務印書館，1971年，頁23。

《全元雜劇》之劇目內容加以劃分。實際而論,其分場的依據,是以元雜劇流傳第二階段之明代宮廷本,及第三階段之《元曲選》兩類版本為主,對於內容記載不夠詳盡的元代刊鈔本,則未列入分場的範疇之分析中。更精細的說,游宗蓉之元雜劇分場,首先考量以元雜劇流傳第三階段之《元曲選》內容為主要依據,其次則是在《元曲選》沒有可供參考之內容的情況下,方選用明代宮廷本為主要分場依據。

　　故此,欲討論元代刊鈔本之排場,必先費一番工夫加以比對,重新編排。筆者此處擬先以表格陳列,將其與明代宮廷本之排場比較對照,明其大要,以利後文之論述。而此表之繪製,則是參考游氏之分場及名稱,將七個劇目之宮廷本與《元曲選》比對整理後,稍加修訂,先列出明代宮廷本之排場概況,再對照元代刊鈔本,以明其排場之有無,間或有劇情差異較大者,則將排場名稱另名標註。另外,表格中尚擇取劇本中的部分科白,也在無科白可用的情況下,擇取曲牌以明段落,並根據曲文內容所見人物出現之可能性,約略予以標註,以明人物之在場情況及其上下場時機,便於後文之論述。依此原則,表列如下:

【表 5-1】元代刊鈔本與明代宮廷本之排場比較[6]

劇目	折數	元刊本	排場	宮廷本	排場
楚昭王疎者下船	楔子	【端正好】	引 楚王憂心		
	一			（沖末扮吳姬光領卒子上云）、（孫武子上云）、（伍子胥上云）、（太宰嚭上云）……（伍子胥云）（下）、（太宰嚭云）（下）、（孫武子云）（下）、（吳姬光云）（下）	引 吳王興兵
		【點絳唇】至【寄生草】七曲	過 兄弟論胥	（正末芈旋領率〔按：應為「卒」〕子上）、（使命上云）……（使命云）（下）	過 投遞戰書
		【寄生草么篇】至【尾】三曲	主 商議對策	（芈旋云）（正末云）、（申包胥上云）……（唱）（下）、（申包胥云）（下）、（芈旋云）（下）	主 商議對策
	二			（淨費無忌上云）（下）	過 費無忌自誇
		【鬥鵪鶉】至【收尾】十三曲	主 楚軍潰敗	（孫武子伍子胥太宰嚭躧馬兒領卒子上）、（正末同芈旋淨費無忌躧馬兒領喬卒子上）、（費無忌云）……（費無忌云）（同正末芈旋下）、（伍子胥云）（同下）、（正末芈旋慌上）、（芈旋云）【收尾】（同下）	主 楚軍潰敗

6 此表乃參考游宗蓉《元雜劇排場研究》一書所附錄資料一：「元雜劇劇名編號及各劇分場索引」中所訂元雜劇各劇分場方式及名稱，再依據元代刊鈔本與明代宮廷本的狀況，在排場類型與名稱上稍加修訂，凡經過修訂或增添的部分，均加網底顯示。

	三	【粉蝶兒】至【滿庭芳】共九曲。	主疏者下船	（龍神領淨鬼力上云）、（淨稍公上嘲歌科）、（正末同羋旋旦兒俫兒慌上）……（旦兒科）（下）、（俫兒下水科云）（下）、（做上岸科）（羋旋云）（梢公云）（下）	主疏者下船
		【四煞】至【尾】共四曲	短兄弟相別	（正末云）（羋旋云）……（羋旋云）〔唱〕（下）（羋旋云）（下）	短兄弟相別
				（龍神云）（同下）	過龍神覆命
				（旦兒上云）（俫兒上云）（旦兒云）（俫兒云）（旦兒云）（同下）	短母子重逢
	四			（秦昭公領卒子上云）、（百里奚上云）、（申包胥上云）、（秦姬輦上云）……（秦姬輦云）（秦昭公云）（同下）、（申包胥云）（下）、（秦姬輦云）（下）	過秦昭公借兵
		【新水令】、【駐馬聽】至【水仙子】共九曲。	主團圓悼念	（正末領卒子上云）、（申包胥上云）、（羋旋云上）、（二旦領俫兒上云）、（旦兒領俫兒上云）……（羋旋云）	主團圓
				（秦昭公上云）……（秦昭公云）	收秦昭公宣昭
泰華山陳摶高臥	一	（外云了）：應是趙匡胤(包含鄭恩)上場自報家門。	引尋卜買卦	[7]（沖末扮趙大舍引鄭恩上開）（問淨科云）（淨云）（外云）（虛下）	引尋卜買卦
		（正末道扮上開）、（外云了）……	主陳摶	（正末道扮上開）、（外引淨上云）……（外云）（末	主陳摶

---

7 以《改定元賢傳奇》為比較文本。

		（外云了）（下）	識真主	唱)（指淨科)（並下)	識真主
	二	（使上云了）（虛下）	過奉旨請賢	（外扮使臣引卒子砌末上云）（虛下）	過奉旨請賢
		（末上云）、（使上云了）……（同使下山）（下）	主華山招賢	（末上云）、（末盹睡科使臣上云）……（使云）（末云）（唱）（同下）	主華山招賢
	三			（扮駕引侍臣上開）（侍臣領旨科虛下）	過傳旨進見
		〔唱〕【端正好】至【滾綉球】四曲、（見駕打稽首科）……（下）案：此折科白較少，場上角色不甚清晰	主見駕辭官	（正末上云）、（使臣上云）、（駕上科做住）……（駕云）（末唱）	主見駕辭官
	四			（淨扮鄭恩衣冠引色旦上開）（眾云）（淨虛下）	過奉旨設宴
		【新水令】、【駐馬聽】（女色試探科）……（【雁兒落】以下所唱應是與某臣談及當初算卦之事。某臣上場是為誘使陳摶享用美酒美色，陳摶為躲避而入睡。）……【離亭宴帶歇指煞】案：此折科白較少，場上角色不甚清晰	主安度風月關	（正末上云）、（色旦上侍立云）、（淨上云）……（淨作關門科云）（下云）……（末孤坐科淨上云）（末云）（淨云）（末唱）	主安度風月關
看錢奴買冤家償主	楔子			（沖末扮正末同旦兒俫兒上云）……〔下〕	引周榮應舉
	一	（淨扮賈弘義上開）、（聖帝一行上開了）、（正末披秉扮增福神上	主賈弘義借福	（靈派侯領鬼力上云）、（淨扮賈仁上云）、（正末扮增福神上云）……（靈派侯云）（做打推科）	主賈仁借福

				過奉命買兒
	開）、（尋的古藏科）（云了）		（下）、（賈仁做醒科云）（下）	
二			（陳德甫上云）（下）	過奉命買兒
	（正末藍扮同旦兒俫兒上開）、（外末扮陳德甫上做賣酒科）……（正末與旦兒商議了）（云）〔唱〕	過周榮落魄	（淨賣酒的上云）、（正末同旦兒領俫兒上）、（陳德甫上云）……（正末云）（同旦兒俫兒下）、（賣酒的云）（下）	過周榮落魄
	（外末上了）、（淨同外旦上了）、（外末引正末三人上了）……〔唱〕（下）、（淨云了下）	主典賣親兒	（淨賈仁同卜兒上）、（陳德甫同正末旦俫兒上）……（陳德甫云）〔唱〕（同旦兒下）、（陳德甫云）（賈仁云）（同下）	主典賣親兒
三	（淨做抱病上）、（外旦一行上云）（正末〔恐為「淨」之誤〕云）	過令兒還願	（小末領興兒上，小末云）（下）	過索銀還願
			（賈仁同興兒小末扶扮上）（小末云）……（賈仁云）（下）、（興兒云）（小末云）（同興兒下）	過賈仁慳吝
	（正末又扮莊老上開）、（小末來興上做住）、（等神鬼卒子拿淨上）……（小末來〔應為「興」之誤〕兒云了）〔唱〕	主相見不識	（廟官上云）、（正末同卜兒上，正末云）、（小末同興兒上）、（賈仁扮魂子上云）……（廟官云）（下）、〔唱〕（下）、（小末云）（興兒云）（同下）	主相見不識
四	（外末上提賈員外死了）（小末上了）。	過論賈亡事		
	（正末卜兒上開）、（外提陳德甫散藥了）	過張氏急病	（淨賣酒的上云）、（正末同卜兒上）……（正末云）（同卜兒下）、（賣	過張氏急病

				（酒的云）（下）	
		（外末提賈員外死了）、（小末云了）……【調笑令】【收尾煞】	主 索藥相認	（陳德甫上云）、（正末同卜兒上）、（小末上云）……（小末云）（陳德甫云）	主 索藥相認
				（靈派侯上云）	收 說明因果
相國寺公孫汗衫記	一	（正末扮員外引卜兒 外末外旦上開）…【點絳唇】【混江龍】	過 歡聚賞雪	（沖末扮正末淨卜張孝友旦兒興同上）……（張孝友云）（正末云）	過 歡聚賞雪
				（店小二上云）、（邦老上云）……（邦老云）(店小二做推科云）（下）	過 陳虎落難
		（等淨上凍倒科）、（等解子押外淨趙興孫上云住）……（等解子外淨先下）〔唱〕【賺尾】（下）	主 疏財濟困	（邦老云）、（正末云）（張孝友云）（興兒云）……（邦老下）、（趙興孫帶枷鎖同解子上）(正末云)（卜兒云)、（邦老沖上云）（趙興孫云）……（趙興孫云)（同解子下）、（唱）【尾聲】（下)、（邦老云)（下)、（張孝友云)（下)	主 疏財濟困
	二	（等淨提了下）、（等外末上云住）……（等淨上）、（都下）	過 陳虎調唆	（張孝友同興兒上)、（邦老上云）……（同下）	過 陳虎調唆
		（等卜兒叫住）、（正末慌上）、（等外末一行上）……（等外末一行辭了先下）	主 拆衫相別	（興兒上云）、（卜兒上云）、（正末上云）、（張孝友同旦兒上云）、（邦老云）、（張孝友云)（同旦兒邦老下）	主 拆衫相別
		【寨兒令】……（提入城了）（等外云失火了）…【收尾】（下）	短 祝融之厄	（正末云）【絡絲娘】、（街坊上云）、（雜當上云）……（卜兒云）（正末云）（唱）【尾聲】（同下）	短 祝融之厄

三	（等外末一行上）（淨打外末下水了）	短 孝友遇害	（邦老上云）、（張孝友同旦兒上）……（邦老推孝友科云）（張孝友云）（下）、（旦兒悲科云）（邦老云）……（同下）	短 孝友遇害
	（等淨提得倈兒了）	過 陳虎述惡	（邦老上云）（下）	過 陳虎述惡
	（等外末扮相國寺長老上開關子下了）	過 長老敘事		
	（等外旦淨小末上云住交小末應舉科）（等淨囑付了先下）、（外旦與小末汗衫了）	過 囑兒尋親	（旦兒上云）、（小末同打蟲的倈兒上）……（倈兒云）（下）、（小末云）（下）、（旦兒云）（下）	過 囑兒尋親
	（等長老上開住）、（等小末扮孤上見長老提打齋坐定）、（正末引卜兒扮都子上）、（做把衫兒分付孤了）〔唱〕【收尾】（等孤提了下）	主 公孫合衫	（長老上云）、（小末上云）、（正末同卜兒薄藍上）、（雜當上云）……〔唱〕【尾聲】（同卜兒下）、（小末云）（下）、（長老云）（下）	主 公孫合衫
四			（邦老同旦兒上）（邦老云）（旦兒云）（邦老云）（下）	短 知兒赴試
	（外旦上云住）、（孤一見住云了）……（等淨上云了）、（等孤趕淨下）	過 揭露身世	（旦兒云）（小末上云）……（小末云）（下）、（旦兒云）（下）（邦老上云）、（小末上見科云）、（邦老云）（下）、（小末云）（下）	過 揭露身世
	（等外淨扮邦老趙興孫開住）、（正末引卜兒隨外上唱）…等外淨云了）、（提插簡下）	過 巧逢恩公	（趙興孫上云）（下）、（趙興孫趕正末卜兒上云）……（趙興孫云）（同下）	過 巧逢恩公
	（等長老上云	主	（張孝友扮僧人上云）、	主

		住）、（便上見長老科）、（外旦上云了）、（等孤趕淨上）、（淨待下外淨衝上拿住）	一門團圓	（正末同卜兒上云）、（旦兒上云）、（小末上見云）……（小末云）（下）（邦老上云）、（小末沖上云）、（趙興孫沖上擎住科云）	一門團圓
				（外扮府尹領祇從人上云）	收府尹下斷
死生交范張雞黍	楔子	（卜兒孔仲山云了）	引		
		（駕引第五倫丞相云了）（外云了）	短		
		（扮秀王載秦巾深衣引三人外末上云）、（正末扮秀才上云）【賞花時】【么】	引臨別約期	（沖末正末引淨王略同孔仲山張元伯上）……（同下）	引臨別約期
	一	【點絳唇】至【（六么序）么】十曲。案：此折科白極少。	短赴約	（外扮賣酒上云）、（王仲略扮酒人上）、（正末提鞭騎馬上云）……（正末同王仲略下）、（賣酒的云）（下）	短赴約
		【金盞兒】【醉扶歸】（缺）：兄弟歡聚，互道誠信，後缺。	主歡聚	（外扮卜兒同元伯上）、（正末領家童上云）、（王仲略云）……（卜兒下）（王仲略云）（做將果子按酒放在下唐巾內帶上揭起衣服取竹筒裝酒科）（下）、（正末云）〔唱〕【賺煞尾】（同下）	主歡聚
	二	缺。		（外扮旦兒俫兒同卜兒扶元伯抱病上）……（元伯云）（死科下）、（旦兒云）（卜兒云）（同下）	過病亡
				（第五倫引祇從上云）（下）	過訪賢
		【牧羊關】【隔尾】	過	（正末扮隱士引家童	過

		【牧羊關】（缺）	勸進	上）、（第五倫上云）……（正末睡科）（第五倫云）（下）	勸進
		（缺）【哭皇天】【烏夜啼】	主託夢	（張元伯上云）……（張元伯推正末云）（下）	主託夢
		【二（應是（三））煞】【二煞】【尾】	過登程	（正末做悲科云）、（第五倫上云）……〔唱〕【黃鍾尾】（下）、（第五倫云）（下）	過登程
	三			（卜兒旦兒俫兒眾街坊駕聲上卜兒云）……（卜兒云）（街坊云）（眾下）	過出殯
		【集賢賓】至【尾】十六曲	主奔喪	（正末騎馬兒上云）、（下馬至靈前哭科，卜兒云）、（街坊上云）……（正末云）〔唱〕【尾聲】（同下）	主奔喪
	四			（第五倫領祗從上云）（下）	過奉旨宣召
		【粉蝶（兒）】【至【八煞】	主賜賞入朝	（正末云）、（第五倫躍馬兒同祗從孔仲山上云）……（第五倫云）〔唱〕【一煞】（第五倫云）	主賜賞入朝
		【七煞】至【尾聲】	收懲惡賞善	（祗候拿王仲略上科云）……（第五倫云）	收懲惡賞善
張鼎智勘魔合羅	楔子	（正末同旦上云）（旦云住）〔唱〕（下）（旦下）	引離家買賣	（沖末李彥實引李文道上）、（正末同旦俫上）……（末〔唱〕）（同旦下）	引離家避災
	一	（二外一折）[8]	過戲嫂	（李老）（下）、（旦上）、（李文道上）、（李老上）……（做打文道下）、（李老）（下）、（旦）（下）	過戲嫂

8 此處（二外一折）可能是指李老與李文鐸的對話，也可能是指李文鐸調戲兄嫂之情節，故置於（楔子）與（第一折）之間。

		（正末擔砌末上云）…（頭疼科）【憶王孫】【金盞兒】前	短避雨染病	（正末挑擔子上）〔唱〕……（放擔科）〔唱〕……（做脫衣科）（做出門科）〔唱〕	短避雨染病
		（高山上見了）【金盞兒】後至【尾】四曲、（高山下）	主託付家書	（外扮高山挑擔子上）……（末）〔唱〕（下）、（高）（下）	主託付家書
	二	（李文鐸上）、（高山上見問科）、（李文鐸云下）、（高山下）	過惡謀	（李文道上）、（高山上）……（高）（做挑擔行科）（下）（李文道）（下）	過惡謀
				（旦上）、（高上）……（高）（下）（旦）（下）	過得信
		（正末病重上云）、（李文鐸上）……（外一折了）〔唱〕（下）	主毒害	（末抱病上）、（李文道荒上）……（做倒科，李）（下）（末〔唱〕）……（臥桌下）（旦上）（做扶末科）（下）	主毒害
		（旦上云）、（文鐸上云住）、（王大上了）、（文鐸抱到官科）	過誣陷逼婚	（旦隨荒上）、（李上）、……（拖旦下）	過誣陷逼婚
		（孤上了云）（一行上告住）（孤省會一行了）（旦吃枷了）	過屈判	（淨引張千上）、（李文道同旦上）、（令史上）……（旦）（下）（淨）（令史）（淨發科了）（同下）	過貪官屈判
	三			（孤扮胡官人引張千上）、（令史上）、（旦上）……（張千押旦出科）	過李氏定讞
		（正末上唱）、（旦告科）、（見孤住）……（孤云下）、〔唱〕【尾】（下）、（旦下）	主張鼎陳情	（正末扮張鼎上）、（旦扯住末衣科）……（末見孤施禮科）……（末跪科，孤）（下）、（令史發下）、（末〔唱〕）（下）	主張鼎陳情
	四	（正末上唱）、（眾	主	（正末上）、（旦跪科）、	主

		推〔旦〕上住、（喚高山見了）……（高山云了）〔唱〕	張鼎審案	（高山上）……（高）（下）	張鼎審案
		（正末云）（外云住）（文鐸上見了）……（外下）（便喚外上見了）、（喚老大夫上了）、（李伯英上見云住）……〔唱〕【尾】	主 張鼎智勘	（末）（張）（李文道上）……（張）（下）、（隨上）……（李彥實上）（末〔唱〕）	主 張鼎智勘
				（孤上）（末）（孤）（眾）（末〔唱〕）	收 府尹下斷
醉思鄉王粲登樓	楔子	（蔡邕一折了）	過		
		（正末同卜兒上）…【賞花時】	引 王粲應舉	（卜兒上）（正末上）……〔唱〕（下）（卜）（下）	引 王粲應舉
	一	（駕一折了）	過		
				（店小二上）、（末上）……（小二）（推正末並下）	過 質當寶劍
		（蔡邕上開住）、（子建上坐定）（外飲酒住）	過 蔡曹定計	（孤扮蔡邕引從人上）、（沖末扮曹子建上）	過 蔡曹定計
		（末上小二推上）…（小末云下）	過 王粲落難		
		（末云）（到科）、（過去見外科）、（子建上云了）……（子建分付與末了）（末云）〔唱〕（下）	主 蔡邕激將	（正末上）、（見科，蔡）、（末見學士科曹）（……末〔唱〕）（下）、（曹）（蔡）（下）	主 蔡邕激將
	二	（二淨一折）	過		
		（荊王上云住）、（正末背劍上云）……（荊王云	主 投託荊王	（外扮荊王引眾上）、（末上）……（荊）（卒應科）	主 投託荊王

		了）（外云了）			
		（二淨上見了）……（荆王云了）〔唱〕【尾聲】（下）	主 蒯蔡進讒	（二淨上）……（末睡科，荆）（下）、（末）〔唱〕……（下）	主 蒯蔡進讒
	三	〔唱〕【粉蝶兒】【醉春風】、（外見了）、（外云了）（聽雁聲叫科）（云）〔唱〕	主 登樓感嘆	（副末扮東道上）、（正末上）……（睡科）	主 登樓感嘆
		（外上開□□了）、（外云了）〔唱〕【尾聲】（下）	過 使命傳宣	（使命上）(東見科)(使)（東）（末）……〔唱〕（同使命下）、（東）（下）	過 使命傳宣
	四	（駕一折）	過		
		（子建上云住）、（正末整扮元帥上）、（太保送宣上）、（謝恩了）（外把盞問了）〔唱〕	過 子建道喜	（蔡邕引從人上）(卒應科)（曹子建上）(卒報科)（蔡）（見科曹）（蔡）（曹）（蔡）（下）	過 同赴長亭
		（外云了）【喬牌兒】【川撥棹】【七弟兄】【梅花酒】【收江南】	主 表明真相	（正末引眾上）、（蔡曹同上蔡）……（末拜科）（蔡回云）（末〔唱〕）	主 表明真相
		（卜兒引旦兒上云）（謝外）〔唱〕【鴛鴦煞】	收 團圓		

　　根據上表，元代刊鈔本所載之排場狀況，輪廓大約可見。以下便依據此內容，簡述其排場概況：

一、非主場之缺漏

　　元代刊鈔本的記錄，多集中於主場之上，對於過場、引

場、短場的記錄相對較少，多數點到為止，很快帶到主唱腳色演出的場景，如與明代宮廷本做比較，也可以發現不少場景甚至隻字未提，令人無從得知其原始情節之有無。如《泰華山陳摶高臥》第三折，元刊本的記錄一開始即以陳摶唱【端正好】：

> 下雲臺來朝會，不听的華山里鶴喚猿啼，道人不為蒼生起，子是報聖主招賢意。[9]

　　說明自己下山來，並非為了當官，而是為回應君王招賢的美意，依禮婉拒。但明代宮廷本在此之前，則記錄了一段趙匡胤扮駕引侍臣上場的戲，表明他與汝南王在竹橋邊買卦，遇見陳摶受他指點，故有意招他入朝為官之事，說完之後便令黃門官請陳摶上朝覲見。接著暫且「虛下」，將舞台讓出使陳摶表明上述之意，在經過使臣奉旨頒賜衣冠道號之後，「駕」方才重上，二人見面，談論為官之事。

　　這段聖駕上場而又虛下的戲，在游宗蓉的研究中，歸類為過場戲，暫名「傳旨進見」，在劇中可為「連絡前後、過脈搭架」之用。[10]依其演出內容觀之，趙匡胤說明前情的演出，可以讓事件發展更清晰，趙匡胤心情也得到表白的機會，上一場才剛隨著使臣下場的陳摶，也得到休息的機會，在實際演出上，這場戲的安排，有其妙用，不為贅出。

　　但這一段過場戲，在元刊本中隻字未提，這個排場的缺少，不見得為劇作原本之缺無。如仔細觀察元刊本此劇之內

9　楊家駱主編，《全元雜劇》初編十一，台北：世界書局，1962-1963年，頁數不明。

10　同註 3，頁 74。

容，便可發現此一劇本到了第三折，記錄似有忽然驟減之跡象，而且這一場戲亦非主腳所演示，故而遭到省略的可能性極大。同樣的情況，也發生在第四折一開始的「奉旨設宴」之上，其排場之缺無，應該也是在同樣的情況下，而為元刊本所遺漏。

另外可能缺漏排場的，尚有《張鼎智勘魔合羅》一劇。如【表 5-1】所見，此劇元刊本較宮廷本缺少了一場「得信」的情節，而此一過場戲，筆者曾於討論情節時加以分析，是為必要的一場戲，因為「缺少了這一場戲，則張鼎循線追查的魔合羅將無由出現，劉玉娘憶往答訊的內容亦無從呼應。」（請參考第一章第二節）猜想這一過場戲如於元代刊鈔本中記錄，概亦只消「旦上」、「高山上見科」、「旦慌下」、「高山下」等提示便可表明，但目前所見元本卻毫無記錄，極有可能是因其簡短而遭到忽略了。

其他明顯缺漏的，尚有《死生交范張雞黍》一劇之「病亡」、「訪賢」、「出殯」、「奉旨宣召」等，都可能因為現存元本的殘缺與科白的簡省而導致一無所見。但如元代刊鈔本中《楚昭王疎者下船》之「吳王興兵」、「費無忌自誇」、「龍神覆命」、「秦昭公借兵」、「秦昭公宣昭」，及《看錢奴買冤家債主》之「周榮應舉」、「奉命買兒」、「賈仁慳吝」、「說明因果」，《相國寺公孫汗衫記》之「陳虎落難」、「知兒赴試」、「府尹下斷」，《張鼎智勘魔合羅》之「李氏定讞」、「府尹下斷」等較明代宮廷本短少之排場，則有更大的可能為明代伶工之改編而增設，而比較上元代刊鈔本所多出的排場，其遭刪訂的斧鑿之跡更加明顯，此皆留

待下節再一一討論之。

二、場上人物之不明

　　在元代刊鈔本的記錄中，除了上述之上下場提示皆缺漏，令人難以掌握有無的排場之外，更多的情況是，對演員的下場缺乏清楚的交待，讓人無法瞭解演出當中舞台上人數變化的確實狀況。

　　元代刊鈔本對於人物下場的提示，除了「下」字之外，「一折了」通常也包含了人物的下場，但最常見的是「只上不下」的情況。在元刊鈔本中，經常是演員上場後，沒有提示，不見下場，因此難以得知某些已經上場的演員，在某個演出的時間點是否仍在場上，以及其究竟何時下場。因此經常無法藉此清楚掌握演員排場架構，更難以之作為排練的底本。

　　在這些缺乏下場提示的文本之中，某些排場尚可由前後的動作提示猜想某一演員的下場之處，如《相國寺公孫汗衫記》第一折中有「等外末交淨看庫了」，以下便接著「等解子押外淨趙興孫上云住」，明顯可見由淨腳陳虎演出的排場轉換到外淨趙興孫演出的排場，陳虎此時暫且下場，待到「等淨奪銀了」時，才又上場，否則實難演出「卜兒認義」等情節。而第三折之「等淨提得俫兒了」，接著場景切換到「等外末扮相國寺長老上開關子下了」，兩個場景的地點明顯不同，故可推想淨在講完得俫兒事後，必然下場，將舞台讓給相國寺長老敘事始末。這些記錄，皆尚可推想演員之下場，毋需費心忖度。

　　另外，元代刊鈔本鮮少出現「同下」或「并下」等明代宮廷本或《元曲選》經常會出現的下場提示，[11]其文本記錄狀況經常是，一群人同在場上，卻僅在某一腳色之言談、動作或唱曲等表演後，作一「下」的提示。而這種情況如果是發生在一場戲的末了，需空出舞台、轉換排場之際，且之前的表演中，尚有演員互動的情況，那麼此時場上二人以上的演員，須同時做下場動作的結果，不必一一提示，全體下場之必要亦尚可理解。

　　如《相國寺公孫汗衫記》第四折一開始，張員外夫婦遇到趙興孫，相認之後說明遭遇，接著「等外淨云了」、「提插簡下」，應是趙興孫對二人遭遇做了一番回應，互動之後，張員外夫婦便向趙興孫表明欲前往廟宇插簡，緊接著提示「等長老上云住」，時空已然不同，故而之前下場的提示，是指所有演員一同下場，以利場景切換到廟宇之中無疑。又如《醉思鄉王粲登樓》第一折，王粲在受到蔡邕的侮辱刺激之後「做不忿出」，子建追上後，安撫其心情，並賜予黃金鞍馬與薦書，二人一番交談後，王粲對子建唱出個人志向，準備一展抱負，在這些演出互動之後，提示下場，接著演出「二淨一折」、「荊王上云住」等情節，可見在「下」的提示後，舞台已經清空，接著排場轉換，改換成荊王的陣地，故可知前所提示之「下」，必為二人同下，方能使場上空無一人，以

11　偶而出現「都下」（如《相國寺公孫汗衫記》第二折、《諸葛亮博望燒屯》第四折）、「一行下」（如《李太白貶夜郎》第二折、《晉文公火燒介之推》第三折、《承明殿霍光鬼諫》第二折）、「一行都下」（如《關大王單刀會》第四折）等類似的提示，但在全部的劇目中，仍然屬於少數。

便接著做排場的轉換。這些演出提示，皆明顯可見，所有人理應一同下場，轉換排場之事實。

但多數的情況是，在缺少「同下」、「并下」或「都下」等提示之下，元刊鈔本的記錄，難以提供清楚辨認其他場上演員是否該同時下場，場地全部清空，或者是有些演員其實早已下場，以便呈現某種表演的層次。因而，也令人無法掌握某些劇情演出時，實際之演員排場如何，不免多所揣測。

如《相國寺公孫汗衫記》第三折「等小末扮孤上見長老提打齋坐定」後，沒有換場，也未出現長老相關之動作提示，不知其在場上作用，更不知是否已經提前下場，如果已提前下場的話，那麼是發生在何時？還是一直到此折最後「等孤提了下」時，才和張員外夫婦，及陳豹一同下場？這些狀況皆不甚明瞭。又如《看錢奴買冤家債主》第一折，在淨「尋的古藏科」之前，尊子與增福神必定已經下場，但關於二者何時下場並未提示，是在「淨做睡覺科」之前，還是之後？二人是同時下場，還是一前一後？則亦無從得知。而同劇第二折最後陳德甫在賠錢之後，周榮祖唱完憤憤不平的下場了，之後又有「淨云了下」，賈弘義也表明下場了，但陳德甫究竟該在何時下場，是賠錢之後獨自下場，還是與周榮祖或賈弘義同下？由於其賠錢之後便無與場上人互動的提示，亦無從得知。

由此可見，元代刊鈔本在缺乏清楚的下場提示之情況下，對於場上的演員排場，確實有難以掌握的現象。而以上例証，多半是就元代刊鈔本中科白相對清楚的劇目作分析，其場上演員不明確的情況便已可以顯見，更遑論是科白不明

的劇目了。

　　故此，由元代刊鈔本之於「非主場之缺漏」及「場上人物不明」等情況可見，元代刊鈔本對於排場架構描繪之簡陋，如欲以元刊鈔本為排練之底本，除非本人即熟悉該劇劇本僅作提示之用，或有熟悉該劇的師傅指導，否則實有其相當之困難性。

第二節　明代宮廷本演員排場之重整與改訂

　　以上述表列之元代刊鈔本與明代宮廷本之排場比較而言，兩者排場互有增減，但整體而言，後者的排場較前者增出許多，其中有些是元代刊鈔本因缺漏而減省的，此一狀況已於上節加以討論。本節欲論述的是，明代宮廷本根據其演出需求或劇情改編所增設的排場，及明顯為宮廷本因演出考量而刪減之排場，並討論宮廷本在演出排場中，如何調度演員上下場及安排演員在場上等演出狀況。

一、為觀眾喜好而增設排場

　　從【表 5-1】之比較可見，元代刊鈔本的排場，明顯較宮廷本短少，除了上節所分析的幾個排場之外，其中也有不少是明代宮廷本所增設或改編的。而涉及情節改編以至於增

多之排場，如《楚昭公疎者下船》一劇，其改編之情況已於第一章之討論中可見，此處便不再重複論述，僅論其增設之排場部分。

如在《看錢奴買冤家債主》一劇中，元刊本一開場便令淨腳賈弘義道白，內容應不出抱怨貧窮，希求富貴等語，接著演出尊子、增福神與之討論是否應該為之賜福借福之事。而宮廷本在此之前，則增加「楔子」中一段由「沖末扮正末同旦兒俫兒」（初編六，頁 1）上場的戲，內容表明自己家世，及父親改毀佛堂修蓋宅舍之事，為後來家道之沒落，設下埋伏，而後將家產埋在後牆之下，帶著妻兒進京趕考而去。

這段情節，在游氏文中，記為「引場」之戲，可以「做為端緒以引起全劇情節的開展」，[12]以情節發展而言，並非必然需要。其中演述之事，在元刊本的記錄之中，僅在第二折周榮祖上場時，略提到：「為家私消乏上，三口兒去曹州曹南鎮上探親來。」（初編十二，頁 2）可見已有修改。宮廷本「楔子」所演述之事，有則加強因果之觀念，無亦不影響劇情之發展，總之「家私消乏」了。

觀察元刊本《看錢奴買冤家債主》一劇，科白記錄可謂完整，此一場戲之隻字未提，推想應是原本劇情即未敷演。明代版本之增出，有可能是在情節的設想上，為加強因果觀念而設，更有可能是在考慮明人習慣的演員排場下，欲令主角提早亮相而設。以演員排場而論，有了這場戲，可使劇中主要人物提早露臉，對觀眾而言，如吃下定心丸，滿足其觀

---

12 同註 3，頁 71。

看主角的心態，有如傳奇之出腳色，每每喜歡在開演不久的前幾齣戲中，安排兩場戲各令生旦上場表明身世，讓觀眾能夠先欣賞到主要角色的扮相與表演，如李漁所論：

> 本傳中有名腳色，不宜出之太遲。如生為一家，旦為一家，生之父母隨生出，旦之父母隨旦而出，以其為一部之主，餘皆客也。雖不定一齣二齣，然不得出四五折之後，太遲則先有他腳色上場，觀者反認為主，及見後來人，勢必反認客矣。[13]

以長約二三十齣的傳奇而言，主要腳色最遲「不得出四五折之後」，若以僅有四折戲的元雜劇而言，則主要腳色不得出於第二折之後的觀點，也未必不為時人之所慮。

當然，以元雜劇而言，劇中的主要腳色與主要人物未必等同，觀眾不一定要等主要人物出現才看得到主要腳色，而元雜劇中也存在著不少主要人物後半部才出場的劇目，最有名的便有關漢卿的《關大王單刀會》一劇。但以明清傳奇而言，生、旦則極少改扮不同人物，觀眾期待主要人物的心理，也應該與期待主要腳色的心理相仿，李漁所論「腳色」，並不必然僅就戲劇行當而言，也有可能是從劇中人物的角度而言。更何況這類觀眾心理，非獨古人如此，以今日觀之，亦尚有幾分道理可尋。所以，如果考量這種期待主要人物的心理，並加之以因果敘說的劇情安排等因素，則此一排場之增設必要性，便顯得更為強烈了。

另一可能為後出版本增出的排場，則為劇末之宣唸韻

13　清・李漁，《閒情偶寄》，收錄於《歷代詩史長編二輯》第七冊，台北：鼎文書局，1974 年，頁 62。

白，以收束全劇之「收場」戲。在明代宮廷本中，近乎百分之八十左右的劇目，在劇末皆曾演出以德重位高者宣唸韻白，內容多半是概述全劇大意，或懲惡揚善，而多數劇中重要腳色在場聆聽拜謝之場景，此一排場，幾乎已經成為宮廷本重要的演出程式之一，其目的可能是讓全體演員有一個向提供演出的王公貴族拜謝的機會，也可以藉此重溫劇情，宣揚教化，而能圓滿的收束全劇，皆大歡喜。[14]這樣的排場，在元刊本中，劇末偶然出現的「駕斷出」、「駕封王了」等提示，似乎已透露演出的跡象，但恐怕尚未形成固定的演出程式，僅偶見於零星數劇之中，真正形成慣用的排場，應該還是要到明代宮廷演劇之中。

　　所以在本文比較的七個劇目之中，便可見科白較為清晰之《看錢奴買冤家債主》、《相國寺公孫汗衫記》、《張孔目智勘魔合羅》等三劇，皆較元刊本，明顯多出了宣唸韻白的場景。《看錢奴買冤家債主》劇末，由靈派侯宣唸韻白，說明因果報應之事；《相國寺公孫汗衫記》則由「外扮府尹領祗從人」上場，說明張員外一家團圓結果，及宣判陳虎之罪惡報應；《張孔目智勘魔合羅》則由胡官人上場，宣判對於一干人等的最終處分。這些排場，皆令舞台顯得喜慶而鬧熱，劇情亦得以圓滿之交待，不失為收場之妙方，其屢屢出現於明代流傳的元雜劇版本之中，應是其排場在明代宮廷演出受歡迎的証據之一。

---

14 請參見陳富容，〈明代宮廷本元雜劇之劇末韻白研究〉，《銘傳大學2013年中國文學之學理與應用國際學術研討會論文集》，2013年，銘傳大學應用中國文學系（所）編印，頁171-196。

二、為演出順暢而刪併排場

由上可見，以元代刊鈔本相較於明代宮廷本，前者的排場明顯較後者減省，一般而言，除非有明顯的劇情改編或前後排場更動合併，否則鮮少會有元刊鈔本已經提及，而宮廷本沒有相對排場安設的情況出現。但在本文所探討之七個劇目的比較中，確實亦發現幾個元代刊鈔本獨有之排場，而這些排場的增出，在整個比較結果之中，著實顯得突兀，不免予人特殊意義的聯想。

如《醉思鄉王粲登樓》一劇中，元代刊鈔本較明代宮廷本多出了第一折的「駕一折了」與第四折的「駕一折」之排場；另外，元刊本《死生交范張雞黍》「楔子」中，也較明代宮廷本多出「駕引第五倫丞相云了」的提示。這些「駕」登台的排場，演出時間都不長，屬於過場性質，內容應為交代選才之事。可疑的是，這幾個需要「駕」登台的排場，在明代宮廷本中，恰巧皆被巧妙的迴避了，並未見對應的演出內容。如此的巧合，令人不免懷疑，這些「駕」的排場，應該是遭到明代宮廷本所刪減，至於刪減的原因，推論應與明代的演出禁令有關，相關的討論已於本書第二章第二節中加以說明，此處便不再贅述。

除此之外，比較明代宮廷本與元代刊鈔本的演員排場，也可以發現明代宮廷本排場的短少，與其演出之舞台運用，應亦有所關連。如《相國寺公孫汗衫記》第二折，一開場演出陳虎調唆張孝友夫妻出走的情節，元刊本的提示是：「等淨

提了下」、「等外末上云住」、「等淨上」、「說外末躲災」、「都下」。依其提示與曲文，對照後來的版本，大概可以想見其情節大約是，陳虎上台訴說其與張孝友結義後的心情種種，其中也有可能述及張孝友最近冷落他的事情，而後下場。緊接著是張孝友上場，說明其所遭遇困境，而後陳虎上場，此時對話可能是張孝友對陳虎表白心煩之事，故而陳虎借機調唆，勸其外出躲災，張孝友心動欲往，至此二人一同下台。

這段演述在明代宮廷本中對應的情節是，張孝友上台訴說因妻子十八個月未分娩而心煩之事，而後說道：「我在這解典庫中悶坐，看有甚麼人來！」（初編五，頁 16）可見此時張孝友並未下台，接著陳虎上台，說明前事之後，進解典庫會見張孝友，張孝友因心煩並未十分搭理，陳虎疑心張孝友有冷落之意因而求去，接著張孝友道出心煩之事，陳虎藉機調唆張孝友夫妻前往徐州東嶽廟擲珓，張孝友心動欲往，至此二人一同下台。二者比較內容如下表：

【表 5-2】元代刊鈔本與明代宮廷本之演員排場比較（一）

劇目	元刊本	脈望館鈔校內府本
相國寺公孫汗衫記第二折	（**等淨提了下**）（**等外末上云住**）（**等淨上**）（**說外末躲災**）（**都下**）	（張孝友同興兒上，張孝友云）歡喜未盡，煩惱到來。自從認了箇兄弟，我心間甚是喜歡，不想有我這渾家，腹懷有孕，別的女人懷胎十箇月分娩，我這大嫂十八月不分娩，我好生煩惱。兄弟索錢去了，我在這解典庫中悶坐，看有甚麼人來。（邦老上云）行不更名，坐不改姓，自家陳虎的便是。我平昔之間，做些不恰好的勾當，我那鄉村里老的每，便道：陳虎，你也轉動咱，……我如今索錢回來了，見俺哥哥去，下次小的每，哥哥在那裏？（興兒云）在解典庫裏！（邦老云）我解典它裏望哥哥去可早來到也。（見科云）哥哥，我索錢回來了也。（張孝友云）……（邦老出門云）…（做見張孝友云）……（同下）

　　從兩種版本比較中可見，此劇元明兩種版本演出陳虎與
張孝友之演員上場的順序互調，在元刊本中是陳虎先上台，
訴說心事之後下台，明代宮廷本則是張孝友先上台，訴說心
事後在台上悶坐，陳虎緊接著上台，說明前事。推想宮廷本
此時舞台的運用，切割成兩個區塊，張孝友與陳虎雖然都在
舞台上，但卻屬於不同空間，最後繞過彎之後，二人才真正
碰面。這樣的處理方式，讓舞台的運用更加靈活，不但免除
了演員下台再上台的麻煩，而且同一個舞台切割成兩個空
間，畫面也更加豐富。故而編者極有可能是在這樣排場的考
量下，將陳虎與張孝友的上台順序做了調換，讓張孝友因為
心煩在台上悶坐等待陳虎上台，應該是比讓陳虎無事在台上
乾等的安排合理，以人物形象而言也較為吻合貼切。

　　而在《醉思鄉王粲登樓》第一折中，明代宮廷本亦做了
排場的對調，將王粲因欠下房宿飯錢而為小二推趕的場景，
移至蔡邕、子建二人排場之前。如依照元代刊鈔本的排場演
出，則原本蔡邕、子建先上場，地點應在相府之中，二人設
計激怒王粲，計議後暫時下場。雖然元刊鈔本此處並未提示
下場，但推論應屬缺漏，因為接下來演出店小二推趕王粲，
王粲忿忿不平而去的情節，這段過程王粲共唱了【點絳唇】、
【混江龍】、【油葫蘆】、【天下樂】四曲，再加上科白，
則為時應該不短，而且舞台空間也與先前不同，須轉換至酒
店之中，故此時蔡曹二人做下場的動作，應該比較符合舞台
表演的需求。待到店小二推趕王粲，王粲忿而離去，隨即前
往相府面見蔡邕，此時舞台空間再度由酒店轉換成相府，以
利王粲與蔡邕、子建二人之會面。舞台空間在此段情節中，

轉換了三次場景，第一次和第三次相同。

　　明代宮廷本的改編，則是讓店小二推趕王粲的情節先登
場，接著才將場景轉換成相府，蔡邕、子建上場商議激將之
計後，王粲方才來到，三人會面演出王粲受激而去的情節。
如此一來，舞台空間僅須做兩次的變換，先是酒店而後相府。
而王粲被店小二趕出後，轉而演出蔡邕、子建定計的情節，
似乎也符合觀眾預期心理上，王粲離開酒店來到相府的時間
感，如此一來，不但舞台空間無須頻頻轉換，也能貼合觀眾
對於時間的感受，過程十分順暢。二者比較內容如下表：

【表 5-3】元代刊鈔本與明代宮廷本之演員排場比較（二）

劇目	李鈔本	脈望館藏古名家本
醉思鄉王粲登樓第一折	（蔡邕上開住） （子建上坐定） （外飲酒住） 地點：相府 （末上小二推上）（小二云住）（云）你休小覷我，我是蔡丞相親眷，我便不這般受窮來。（小二云住）【仙呂點絳唇】……（小二云了）【混江龍】……（小二云下）（末云）我不和這廝合口，丞相請著我哩，怕怪來遲！ 地點：旅店	（店小二上）買賣歸來汗未消，上床猶自想來朝，為甚當家頭先白，曉夜思量計萬條。自家店小二是也，有那南來北往經商客旅做買做賣的人，都在我這店中安下。一個月前有個王粲在我店肆中安下，房宿飯錢都少了我的，我便罷了，大主人家埋怨我，我如今叫他出來算算帳，討還我這房宿飯錢。王先生出來！（末上）小生王粲，自離了母親來到京師，有叔父蔡邕丞相，箇月期程不蒙放參，小生在這店肆中安下，少了他許多房宿飯錢，小二哥呼喚，不知有甚事，須索走一遭去。小二哥，做甚麼大呼小叫的？（小二）王先生，你少下我許多房宿飯錢不還我，我便罷了，大主人家埋怨我，你幾時還我這錢？（末）兀那店小二，我見了我蔡邕叔父呵，稀罕還你這幾貫錢！（小二）你今日也說你叔父，明日也說你叔父，你這錢幾時還我？（末）你休小覷我〔唱〕……（小二）……（推正末並下） 地點：旅店

（到科）（見外報了） （過去見外科）…… 地點：相府	（孤扮蔡邕引從人上）龍樓鳳閣九重城，新筑沙堤宰相行，我貴我榮君莫羨，十年前是一書生。老夫姓蔡名邕字伯喈，陳留郡人氏，……令人門首覷者，學士來時，報復我知道！（應科，沖末扮曹子建上）滿腹文章七步才，綺羅衫袖拂香埃，今生坐享來生福，不是讀書那里來。小官姓曹名植字子建，祖居譙郡沛縣人也。…（請科曹見科，蔡）呀，學士來了也！學士，今早朝中所言王粲之事見麼？（曹）小官見來。（蔡）白金一錠，春衣一套，駿馬一疋，薦章一封，王粲明明的賫發與他，後來做個大大的証見。（曹）待賢士後來，小官自有主張。（蔡）令人門首覷者，王粲來時，報伏我知道！ （正末上）說話中間，可早來到也。令人報伏去，道有高平王粲特來拜見！（卒報云）報的老丞相得知，有高平王粲特來拜見！（蔡）你看他乘甚麼鞍馬！（卒打睃末科回話云）脂油點灯（蔡）怎麼說（卒）布撚（蔡）你看他穿甚麼（卒依此回話科，末）說話的是我叔父，我是姪兒，那里有叔叔接姪兒不成，我自過去！（見科）…… 地點：相府

因此，李鈔本同劇楔子之「蔡邕一折」，與第二折的「二淨一折」，也極有可能在這種排場簡潔流暢的考量上，被明代宮廷演出時，與後面的排場對調，蔡邕及蔡瑁、蒯越等人，無須先上場演述，而是可能將其上場說明情事的表演，直接挪移到後面，原本楔子蔡邕一開始便上場演述一折，推測其內容應是訴說自己的身世，也順道說明催促王粲上京之事。在明代宮廷本中這「一折」戲，便可能被挪移到後面的第一折之中，融入於他此折必要的登場表演，如此則排場的運用更為簡潔，省去頻頻轉換的麻煩。另外，如同劇第二折的「二

淨一折」，也可能在同樣的考量下，運用簡化排場的手法，將原本二淨在荊王登場之前所做的「一折」表演，調換順序，到荊王與王粲會面後喚二淨出場相見時，才做的一段表演。果如推想，則李鈔本提示之「二淨一折」的表演，對應的則是宮廷本中，二淨在見到王粲之前，自報姓名身分，及其略帶調笑藉以顯露二人性格的一段表演內容。

其他尚有如《看錢奴買冤家債主》第四折「外末上提賣員外死了」之場景，併入後面的「索藥相認」一場、《相國寺公孫汗衫記》第三折的「等外末扮相國寺長老上開關子下了」之場景，併入「公孫合衫」一場等處理方法，可能皆因相同顧慮而改動演出順序，以便省略其繁複的排場更換。

這些演出順序的調整，都可以讓排場的運用更加簡潔流暢，免去頻頻換場的麻煩，這也可能便是明代宮廷本在內容情節無異的情況下，多次動手調整演出場景順序的原因之一。

所以，不論是為政治因素而刪減「駕」的排場，抑或是為減少換場麻煩而整併的排場，這些調整都有助於演出的順暢，利於元雜劇在明代的舞台呈現。

三、從表演立場調整演員上下

關於元代刊鈔本之上下場提示簡省，以至於演員排場不明的情況，在明代宮廷本中也大多得以澄清。在明代宮廷本中，場上有多少演員，演員下場的順序、層次，幾乎都能表現的一清二楚。

從七個劇目之演員排場比較中，我們可以觀察到，明代

宮廷本對於演員的上下場，提示皆十分清晰，讓人很容易隨時掌握排場之中，隨著情節的進展而變化的演員數量。除此之外，宮廷本中最特別的地方是，喜歡安排演員依序而下，藉此表白個別人物在經歷事件之後的心情。

如明代宮廷本《楚昭公疎者下船》第一折中的第一場戲，演出吳王召集孫武子、伍子胥、太宰嚭等將領，討論出兵楚國之事。在經歷一番討論達成出兵的共識之後，伍子胥唸詩而下，接著太宰嚭、孫武子、吳姬光亦依序唸詩而下。同一折第二場戲演出楚國君臣共議吳國出兵之事，折末則是楚昭公唱完之後先下場，接著才是申包胥、羋旋依序唸詩而下。同劇第四折秦昭公與申包胥、百里奚、秦姬輦等商討出兵救吳之事，達成協議後，楚昭公與百里奚先唸詩而下，接著申包胥、秦姬輦亦依序，各自唸詩而下。又如《相國寺公孫汗衫記》第一折最後，張文秀訓示陳虎之後，唱完下場，接著陳虎悻悻然唸詩而下，最後才是張孝友表明欲至後堂看父母親而後下場。同劇第三折最後也是在公孫合衫之後，張文秀唱曲表明心情之後，與卜兒一同下場，接著是陳豹言明準備收拾行程，唸詩而下，最後才是長老表明欲至後堂回報方丈而下。

這種依序說白、唱曲或唸詩而下的演出情形，在明代宮廷本與其他兩階段版本的比較中，顯得十分突出。以情節發展而言，演員至此究竟是同時下場，還是依序而下，其實並沒有太大的影響，但若細緻分析，這種依序而下的方式，不但可以讓劇中人物之不同心情得以抒發，更可以讓演員得到個別的表現機會，這或許也是宮廷本如此安排的主要目的之一。

　　而比較元代刊鈔本與明代宮廷本的演員上下場情況，亦隱約可見明代宮廷本的演員排場，似有較元代刊鈔本更加追求熱鬧的傾向。如《張鼎智勘魔合羅》楔子中，元刊本一開始由李德昌與妻子劉氏一同上場，由李德昌介紹自家及叔父李伯英家成員與概況，並敘及將赴南昌買賣，接著雖然劉氏的說白省略，但從唱白中亦可見二人談論李文鐸調戲劉氏之事。這段情節在宮廷本中，增加了「沖末李彥實引李文道上」的演員排場，多了李彥實與李文道之上場，增加的只是四人之間會面及簡短交談的言語，如彼此之問候、託付及祝福等，以情節內容而言，實無太大變化與推進，但就演員排場而言，則熱鬧許多。

　　其他如元代刊鈔本《醉思鄉王粲登樓》第四折，有「子建上云住」的提示，以前後內容觀察可知，此段內容應是子建說明王粲得官，欲前往祝賀，可能也談到了同邀蔡相而往等言語。這段情節，在明代宮廷本中，子建登場之前，便已有「蔡邕引從人上」的提示，多了蔡邕與從人，可以想見此段演出的排場應該會更大、更熱鬧。而《相國寺公孫汗衫記》第四折，也在張文秀夫妻與張孝友、李玉娥相認之際，增加了陳豹（張孝友之子）追趕陳虎路過的情節，使父子在匆忙之間相認，而有了陳豹道：「母親，你好喬也，丟了一箇賊漢，可尋著箇師父！」（初編五，頁51）之引人哄笑的情節，同樣可以想見排場的熱鬧。

　　這些改變，都是明代宮廷本在基本情節內容不變的情況下，增加同場演員的數量，使排場顯得更大、舞台顯得更熱鬧。這種改編偏好，或許是為了符合明代宮廷貴族觀賞戲劇

的品味，也或許是從戲劇表演的角度，增加演員上場亮相的機會。而這些調整，對於明代宮廷戲班而言，正可以發揮其演出人力充足的優勢，作出適切的表現。

第三節　《元曲選》演員排場之重整與改訂

如果從演員排場上著眼，《元曲選》對照明代宮廷本，其改動之處較於其他戲劇元素，可謂相對的鮮少。幾乎可以說，為了演員排場之好看與否而重新編改舊作內容，對《元曲選》而言，是沒有必要的，也就因為沒有演出的需求，不必追求演員排場的好看與熱鬧，「化繁為簡」則成為編者在整理演員排場時，最主要的改編做法。以下筆者則由演員上下場與版本對此之提示概況，說明《元曲選》對於演員排場的相關意見。

一、以「同下」取代「依序而下」

相較於明代宮廷本，《元曲選》改動演員排場，多半在於演員下場之處。上一節筆者曾提及，明代宮廷本喜歡在演員下場時，做依序而下的安排，而這個動作的安排，對於情節的敘述，多半沒有任何推進的作用，但這樣的安排，卻可以讓劇中人物有機會表述各自的心情，而其最重要意義應該

還是在於，使演員可以有個別亮相的機會，所以在尚有演出需求的明代宮廷本中，屢屢見到此類演員排場。

　　但這種安排，對於為案頭觀賞而編訂的《元曲選》，便略顯多餘。演員分別下場的繁複，反而不利於劇情敘述的流暢，所以在兩類版本比較結果中，多處可見《元曲選》將宮廷本的演員排場，由依序而下簡化為「同下」之下場提示。

　　如《楚昭公疏者下船》第一折，在吳姬光召集群臣共議攻楚之事後，演員依照伍子胥、太宰嚭、孫武子、吳姬光之順序，各自誦唸四句七言詩一首，分別表達復仇雪恨、安邦立國、掛印掌軍及勝利在望的心情而後下場。這種依序下場的表演，在《元曲選》則簡化為以伍子胥為首，代表誦唸四句七言詩一首，強調其復仇之心，而後領太宰嚭、孫武子二人一同下場，接著再由吳王姬光誦唸四句七言詩一首，表達勝利在望的心情之後下場。讓伍子胥、太宰嚭、孫武子三名臣子一同下場，不但符合退朝禮儀，也簡化了原本繁複的內容，讓焦點更清晰的集中在伍子胥身上。

　　還有在同劇同折楚國君臣商議對策的一場戲中，排場上共有楚昭公、羋旋、申包胥三人，宮廷本下場時，安排三人下場的方式分別是，楚昭公唱【尾聲】表達對於借秦兵的期盼與國家危亡的憂心而後先行下場，緊接著申包胥誦唸四句七言詩一首，表達濟困扶危的心志而後下場，最後才是羋旋唸詩感嘆因劍惹禍，擔憂伍員復仇的心情而後下場。在《元曲選》的改編中，楚昭公的下場方式不變，楚昭公下場之後，申包胥數語交待吳兵來襲之事後，與羋旋分唸七言詩各兩句，二人分別表達救國之心與讚許之意後，一同下場。同劇

尚有第四折之秦昭公借兵一場戲，其下場之處理方式，也同樣由申包胥、秦姬輦二人各自誦唸一首四句七言詩而後下場，改為二人各唸二句七言詩而後下場。

在沒有表演需求的文本中，這種「同下」的安排，可以「化繁為簡」，使敘事更加流暢，不失為一種聰明的做法。

二、減少演員「吊場」的場景

另外一個《元曲選》和明代宮廷本在演員下場處的差異是，宮廷本中在全場主要情節結束後，經常有留下次要演員吊場的安排，以此完整的收束全場，並交待次要演員的下場方式。但《元曲選》則往往刪去這類結尾，似乎有取消演員吊場的改編傾向。

如在宮廷本《相國寺公孫汗衫記》第一折最後，當張文秀訓示完陳虎下場後，陳虎唸詩道：「員外有金銀，認我做親人。我心還不足，則恨趙興孫。」（初編五，頁16）說明與張員外一家認親的現實及對趙興孫的妒恨而後下場，末了則由張孝友吊場道：「兄弟去了也，後堂中看父親母親走一遭去！」緊跟著下場，以此收束全場。但《元曲選》此處則只記錄至陳虎唸詩而「下」，便已收束全場，至於張孝友的動向，由於缺乏「同下」的提示，故不知其此時是否應與陳虎同下，抑或一人獨立場上。若以舞台之實際而言，不論是不發一語的與陳虎同下，還是最後一人站立場上直至燈暗或幕下，都不是完美的舞台處理方式。

同樣的情況，也發生在同劇的第三折之中。在宮廷本此

折中，原於張員外與孫兒因汗衫相認離去之後，陳豹隨即對長老表示將收拾行程返家，故唸詩：「認了親和眷，心內喜偏長。登程上駿馬，衣錦早還鄉。」說明認親的喜悅及迫不及待返鄉的心情而後下場，接著才由一直在場上看著這一切事情發生的長老說道：「相公去了也，貧僧無甚事，回方丈中去來！」（初編五，頁42）以此收束全場。但《元曲選》則在陳豹對長老表明：「老和尚多累了，下官則今日收拾行程，還家中去來！」（冊一，頁11）唸詩離去後，隨即結束全場，對於長老的存在並未特別安排處置。由於此時陳豹乃與長老告辭，故明顯可知，長老與陳豹不應同行，不可能作「同下」的處理。但若陳豹下場後，長老不發一言的下場，也令人感覺不甚圓滿，可知《元曲選》的安排，並不符合舞台表演的實際情況。

其他類似的情況尚有《死生交范張雞黍》一劇。在宮廷本《死生交范張雞黍》第一折中，原有范巨卿與王仲略二人在酒店中相遇，賣酒人服侍二人喝酒後，談及道統之事與為官之道，而後表示將同行往赴雞黍之會，接著一同下場，最後才由賣酒人吊場云：「你看我那造物，他兩箇講了半日，不知說些甚麼，則得了二百文錢，我去買茶喫去也。」（二編二，頁8）隨即跟著下場，此時排場才順利轉至張元伯家中，準備展開一場雞黍之會。可見宮廷本的內容，妥善的安排一直在場上聽聞二人言談的賣酒人，以實際表演而言，腳色明顯在場，委實難以忽略。但無庸搬上舞台照實表演的《元曲選》，賣酒人的存在，可能早已經在范王二人長時間的談唱之後，被編者或讀者遺忘了，所以改編本中未錄的現象，

也似乎並不十分突顯了。

　　故而可知，如以舞台表演之實際而言，安排場上所有演員順利的下場，是編劇時需要特別留意之處，每一位演員該以什麼樣的方式上場，又該以什麼樣的形式離開舞台，都應該有妥善的處理，縱使是三言兩語，也關乎舞台表演的之流暢，所以這一類的吊場戲，對於有實際表演需求的明代宮廷本而言，是必要的存在。但以沒有表演需求的《元曲選》而言，對於存在感極低的劇中人，或許是真的忽略了，但更或許是，就閱讀而言人物本身即應留在原地，沒有離開舞台的必要，故亦無須特別處理其動向，是以留白不論。

三、取消繁複之熱鬧場景

　　在上一節中曾有論述，相較於元代刊鈔本，明代宮廷本似有增加場上人數，以增添排場熱鬧的傾向。而在觀察《元曲選》與明代宮廷本的演員排場差異中，亦可顯現宮廷本喜好排場之熱鬧，較《元曲選》猶有過之的現象。在《元曲選》中，則可能由於無須追求演出之效果，而經常有取消此類繁複之熱鬧場景的作法。

　　如在《楚昭公疏者下船》第二折，楚昭公原本與弟芈旋一旁觀看費無忌與伍子胥對戰，眼見得費無忌落敗而逃，楚昭公與芈旋也一同逃走，因而短暫下場。接著伍子胥追趕下場，空出舞台後，楚昭公與芈旋則再度「慌上」，此時楚國兵敗，費無忌也已為吳兵所殺，楚昭公與芈旋再度站立的舞台，已是另一個空間。這段演出過程，到了《元曲選》則轉

而將重點放在楚昭公觀戰之所見，目的可能為借楚昭公之口，強調伍子胥之英勇善戰，對於演員繁複的上下場走位表演，則予以簡化，取消觀戰之間「正末半旋下」、「正末半旋慌上」之下場後又上場的經過，只在末了以半旋道：「哥哥，俺家兵大敗了，我保著你走了罷！」（冊一，頁 5）接著便唱【收尾】結束全場。

　　而在《相國寺公孫合汗衫》第四折中，《元曲選》同樣刪去前後兩場陳豹追拿陳虎的熱鬧戲碼。在宮廷本第四折中，原本李玉娥對兒子說明陳虎作惡以致一家骨肉分離、陳豹認賊作父之事後，緊接著陳虎上場，表示眼皮跳動、心神不寧，隨即陳豹上台追打而下。又同折末了之處，在一家父子、夫妻相認之際，忽令陳豹追趕陳虎而過，由母親引見親父，卻道：「母親，你好喬也，丟了一箇賊漢，可尋著箇師父！」（初編五，頁 51）接著則不待回應，又立刻起身追趕陳虎而去。這兩場追趕打殺的戲碼，想必為原本以訴說為主的文靜舞台，帶來武打的熱鬧元素，不失為調劑冷熱的舞台良方，但以情節敘述而言，這兩場戲卻非必要，甚至略顯突兀。因此，在《元曲選》中，前則刪去陳豹追打陳虎的場面，只保留其欲前往捉拿陳虎為父報仇的話語，後則將穿插在相認情節之中的追趕場面直接移除，待趙興孫協助拿住陳虎之後，才共同到金沙院，演出公孫、父子一家相認的戲碼。

　　分析以上三場由《元曲選》所移除的戲碼可見，這三個排場所擺設的，恰好都是屬於逃命、追趕的熱鬧場面，可以增添戲劇的活潑元素，讓原本平靜的舞台表演，陡起波瀾，激起觀眾的緊張情緒或會心一笑的興味。但不為登場而設的

《元曲選》，顯然沒有這種需求，故轉而追求敘事之流暢，移除旁枝多餘之場景，也是可以理解的改編策略。

四、取消導演性質的「虛下」

　　相較於明代宮廷本之演員上下場提示，《元曲選》取消了具導演性質的「虛下」提示。

　　觀察現存的元雜劇文本，一般而言，「虛下」使用於劇作中，大致有兩類不同的作用：一類是純為提示舞台表演而設，其使用的時機，通常是在演員下場後，短暫的讓出舞台給予即將對話的角色做一番表述，不久隨即準備再度上場，與之演出對手戲；另一類則為人物下場而後隨即復上，下場動作只是虛晃一遭，或人物根本沒有離開，僅是躲藏在場邊偷看而已。

　　以第一類「虛下」的提示而論，演員下場後，應在場邊等待，不必換裝、不可走遠，亦儘可能不要分心他務，因為緊接著，便又必須準備上場了。劇本中「虛下」的提示，多半純為舞台表演而設，可說是一種導演提示，但就故事情境而言，人物的下場便是真離去了，並非虛意躲藏，下次登場的舞台也可能是另一個空間。

　　這一類「虛下」提示的使用，在明代宮廷本中頗有所見，以本文所討論的劇目為例，便有《西華山陳摶高臥》第一、二、三、四折之趙匡胤與鄭恩「虛下」、使臣「虛下」、駕引侍臣「虛下」、鄭恩「虛下」等提示。但以沒有表演需求的《元曲選》而言，則這一類「虛下」的表演提示，似乎並

非十分必要，也可能因此將上列《西華山陳摶高臥》一劇中所使用的「虛下」等提示，全部改為「下」，其考量或許也是在於該版本純為案頭閱讀而設，沒有演員需要在場邊等候上場，亦無有「虛下」之必要，故而將之刪改。

　　然而，綜觀《元曲選》與明代宮廷本重複之所有劇作，卻也發現存在於《元曲選》的「虛下」提示，卻存在著不少第二類「虛下」提示的情況。這類「虛下」的提示，主要用於描繪人物下場而後隨即複上，或只是躲藏在場邊偷看根本沒有離開，再次回到舞台尚在同一空間。前者如《東堂老勸破家子弟》第三折揚州奴兩次的「虛下，再上」（冊一，頁11-12）、《溫太真玉鏡台》第二折溫嶠的「虛下將砌末上科」（冊一，頁 4）等提示，明顯用於描繪人物下場而後隨即複上，並未真正離開舞台，只是虛晃一遭；後者如《趙氏孤兒大報仇雜劇》第四折程嬰的「做遺手卷虛下。……程嬰上云：『程勃，我久聽多時了也。』」（冊四，頁 11）則明顯示意程嬰只是躲藏一旁偷看，根本未曾真正離去的情況。但以上劇作所使用的「虛下」提示，卻反而未見於前兩階段其他的版本之中，推論由於這類「短暫離去」或「假意離去」的「虛下」，與文字表面意義相吻合，以閱讀而言，更加容易理解，因此而為臧懋循所樂於增用。故而可見，《元曲選》使用「虛下」的下場提示，似乎已有漸將表演意義的「虛下」捨棄，只取其具閱讀意義的「虛下」傾向。

　　由以上演員上下場的比較結果可見，不為演出而改編的《元曲選》，對於演員排場，並沒有特別表現的需求，所以觀察其更改的內容，多半只是作一些表演簡化或意義轉換，

使敘事更加的流暢清晰，給人一目了然的感受。

小　結

　　由以上比較分析中可見，三階段元雜劇版本由於選編刊刻的目的不同，在演員排場的呈現上，亦有所差異。

　　元代刊鈔本雖然各本內容由於來源不同而呈現多元面貌，但大致上皆以保留曲文和主腳唱詞為主要目的，對於其他腳色的唸白與動作，皆十分簡略，有些版本甚至完全刪減，而其中動作記錄的簡略，則導致演員排場觀察之困難。一般而言，元代刊鈔本所呈現的排場數量，通常較其他階段版本稀少，而當中各排場演員人數的變化，以及個別演員下場的時機，都有令人難以掌握的現象，不得不待明代版本而後得以勉強拼湊，想見大要。

　　明代宮廷本的演員排場記錄，在三階段版本之中，顯得最為詳盡而繁複。它不但詳細的記錄了各個演員上下場的動作提示，而且多處呈現了與其他階段版本不同的演員下場的層次，這些記錄都讓人對於演出當中的演員排場變化一目了然，對於舞台的描繪也能更加清晰。而相較於元代刊鈔本，宮廷本的排場是以增加為主，除了有些可能為元代刊鈔本的缺漏之外，其餘多半為宮廷本為了適應當時觀眾的品味，增加排場以令主角提早露臉，或增加排場以求收場圓滿熱鬧。但宮廷本也有許多短少的排場，究其原由部分可能與當時劇場的禁令有關，而部分則是與排場順序的調整合併有關，而這些刪併，就演出的實際而言，大都可以使演出更加順暢。

另外，宮廷本的排場熱鬧，不論是在人數的增加，或武打追趕場面的增入，都較其他兩階段顯得突出，這些在實際演出當中，都能收一定的舞台效應，觀察演員排場的變化，可見明代宮廷本在舞台的適應上，頗為用心。

《元曲選》的演員排場，相較於前一階段的版本，在演員下場的安排上，則多有簡化的跡象。它不但將宮廷本用心鋪排的演員下場層次，合併縮減，也多處刪減次要演員吊場的演出內容，亦有取消導演性質之「虛下」提示的傾向。因此，演員亮相或表演層次的呈現、安排所有演員下場的固有程式，及戲劇表演暗示的術語使用，對於《元曲選》而言，都已不再具有必要存在的意義，故轉而追求閱讀順暢，刪減繁蕪，追求閱讀語言的明晰與流暢。

從三階段元雜劇演員排場的比較，讓我們得以看見不同的版本刊刻目的，對於演員排場內容，所造成之實質層面的影響，也清楚的呈現出，演出考量與閱讀考量對於劇本所可能產生的作用力，以此得見元雜劇階段性版本流傳變化之一斑。

結　　論

　　自完成《明代流傳之元雜劇版本及其曲文改編研究》一書以來，便一直希望能對元雜劇其他元素的改編情況，作一個完整的探討，只是題材龐大，細節繁瑣，如何切入，方能不失偏頗？如何呈現，方能準確傳達？這些問題，一直糾結著。思索的過程中，筆者也曾不斷的旁敲側擊，逡巡探索，以單一元素作為研究主軸，如上場詩、劇末韻白；或以單一劇目作為探索的主題，如《疎者下船》、《陳摶高臥》。愈深入，愈覺得有完整呈現它的必要。終於一朝決定動手，竟也一步一步的移除障礙，看著以往模糊的影像，在眼前逐漸清晰，心中實有撥雲見日之感。

　　這個研究，在焦點集中與系統探討的考量下，選擇了現存元雜劇中三個階段完整保存的七個劇目，期待能夠呈現完整且具體的研究成果。雖然未能就全體現存的元雜劇資料，作一地毯式的搜尋比對，然後逐條的分析說明，但在歸納結論時，亦儘量對照於討論文本之外的可能情況，加以還原驗証，避免以偏概全的管窺之弊。

　　在此一目標範圍的設定下，深入探索後，三個階段元雜劇版本的大致樣貌，逐漸成形。其中，元代刊鈔本雖然簡省疏陋，但卻留下了最重要的第一手資料，使元雜劇的原始面

貌，可以隱約得見，亦可從中想見元代演出雜劇，及其戲班運作的可能狀況。明代宮廷本則在最近的距離內，吸收元雜劇的表演精華，儘可能的恢復元雜劇的舞台表演，但其中亦不免有為適應明代當時的舞台，所作出的大大小小程度不等的改編，如單純就文本的差異而言，這兩類版本的差距可謂最大。《元曲選》則在沒有演出需求的情況下，考量如何將舞台形象記錄成文字，其間對於明代宮廷本的改編並不如一般想像之大，但從場上到案頭，閱讀順暢及悅於目、悅於心的思慮重點，則成為其改編內容的主要著眼之處。

　　以下便就本研究中，對於各階段版本之情節發展、人物形象、腳色編排、動作提示、演員排場等戲劇內涵，所觀察分析的結果，一一整理重現：

【表 6-1】三階段元雜劇版本戲曲五元素比較表

版本 戲劇元素	元代刊鈔本	明代宮廷本	元曲選
情節發展	1. 依照版本印刷的不同目的，其簡省的情況亦有所不同，大致而言，仍隱約可見情節梗概。 2. 標題上標示「關目」的版本，如《看錢奴》、《汗衫記》及《魔合羅》三本，正末賓白及其他腳色動作較完整，劇情大要相對的較為清楚。 3. 其餘僅有曲文或	1. 劇情完整清晰，可以補充元代刊鈔本之缺漏。 2. 除《疏者下船》一劇大幅改編之外，其餘小範圍的增刪或改易，大多以明代演出背景作為考量依據。 3. 喜歡增加趣味或熱鬧的情節內容，其中多數以類型化的情節充入，亦有參考民間傳說而增入	1. 改編的幅度不大，許多微幅的改編，都是為了追求劇情發展之合理。而其合理化，除了包括一般的邏輯之外，也包含勸懲循個人與時下的思想觀念，頗有追求合乎禮義教化的傾向。 2. 儘量減少類型化或重複的情節。

	加上一些簡單的科白者，僅能勉強拼湊劇情發展的主軸，相關細節則模糊不清。	者。	
人物形象	1. 有些人物沒有科白之記錄，僅在主唱的曲文中，隱約見其存在；有些則甚至難以憑藉曲文加以推敲，僅能存疑。 2. 主唱腳色扮演的人物，其行為舉止及心理刻劃大致可見，形象尚且清晰。 3. 其餘角色多半僅見足以推動劇情之功能。	1. 增補人物居多。增加類型化的人物以敷演類型化的劇情，或增添人數以熱鬧排場。 2. 刪減部分可能觸犯禁令的人物，或因其末折草草的收場慣性而減少某些人物。 3. 能彌補元代刊鈔本的缺漏，豐富人物形象，逐漸賦予非主唱人物血肉。 4. 改編人物形象，以賦予不同的角色功能，或符合其觀念理想。	1. 增刪人物並不明顯，但偶見為求情節合理而刪減小角色的情況。 2. 不厭其煩的調整細節，以求前後呼應，使人物形象更加突顯。 3. 改編角色之職務功能與言談舉止，以求其與內在精神之統一，這也是臧懋循合理化的作法之一。
腳色編排	1. 元代雜劇戲班，可能尚處於「一正眾外」、「一腳眾角」的階段，並未形成真正的「腳色制」。正末（或正旦）擔任主唱，扮飾亦較為注重，是元雜劇中最確定成形的腳色。 2. 但其他腳色可能也已初具概念且	1. 腳色運用情況與元代刊鈔本類似，仍類似於「一正眾外」、「一腳眾角」的情況。 2. 以「外」稱「外末」，並有時以之扮演「卜兒」、「旦」等，不一定都是扮演男性角色。 3. 增加「沖末」一	1. 腳色標註情況最為清晰，幾乎都能清楚註明某一腳色扮演某一人物。 2. 腳色使用受當時劇壇影響，定義漸趨多元且清楚固定，如末、淨、旦、丑、外等。 3. 分別「卜兒」、「孤」、「邦老」等市井俗稱與

	運用於劇場之上。如淨腳的形象亦有趨於固定的傾向，大多扮演形象奸惡或性格剛烈的人物。 3. 在旦腳的使用上，除擔任主唱的「正旦」之外，其餘則「旦」與「旦兒」之稱混同，使用情況類似於市井俗稱，用來扮飾婦女，似未形成嚴格定義的腳色。 4. 除了以上三類腳色之外，其餘多半會以「外」或「外末」稱之，而以「外」或「外末」稱謂的人物，也可能與市井俗稱或人物專稱混用，而且這類情況不少。基本上這些稱謂的意義在此一階段版本中，幾乎等同。	腳，多半在一開場時便上場，應是做一些有關開場的固定表演程式。 4. 「淨」有時也扮演滑稽的角色。 5. 「旦」的意義沒什麼變化。 6. 出現「副末」的名稱，但意義應同於「外末」，而非如其於南戲傳奇中的形象作用，只是名稱混淆。	「老旦」、「外末」、「淨」等腳色名稱之不同。進而指明「老旦扮卜兒」、「外末扮孤」或「淨扮邦老」等狀況。 4. 正式使用「丑」腳，以為調笑戲謔之表演腳色。 5. 除正末、淨、旦、丑等類型固定的腳色，及卒子、祗候、從人等雜當人物之外，其餘前二階段混雜之市井俗稱、人物專稱的人物，皆標註以「外」扮演。與明傳奇的「外」，意義尚不等同。 6. 亦使用「沖末」的名稱，但並不以之開場，而是擔任類似於「外末」的腳色。
動作提示	1. 此本之劇場術語繁多，若非熟捻當時劇場之人，實難完全理解。 2. 「科」字後來仍繼續沿用，用以表示具體的動作程式。	1. 「開、一折、了、住、等」等動作提示用語，幾乎完全消失。 2. 對元代刊鈔本的動作提示，提供比較驗証的資料。如開、一折，	1. 將當時已消失的元雜劇劇場術語，如三科、發科等，以明確的文字寫出其動作內容。 2. 多處刪減重複的動作程式，如三

	3.「開」字多出現在一組套曲、一個排場或某人上場之初,有開始之意,內容多說明前情或自我介紹。 4.「一折」意義與後來版本不同,也不完全等同於人物之上下一場,應該可以切分成更小的單位,表示每一段動作、說白的表演完成。 5.「了、住」與「科」的用法相近,多置於動作之後,但多半表示較長的動作段落,內容可能包含說白與動作。 6.「等」字則提示主唱腳色等待其他腳色之動作完成。	及三科等。 3. 其科介或賓白中的動作提示,顯示其表演中有許多動作,已成固定程式,反覆套用。如三科、發科,及見官的表演方式。	科與見官等程式。 3. 增加有助閱讀理解的動作提示,如詩云、詞云、歌曰。有時甚至較前兩階段對於具體動作的書寫更加清楚,只要不涉及難懂的專業術語,一般動作的註明反而可以增加閱讀想像。
演員排場	1. 主場記錄較為完整。 2. 過場、短場等容易缺漏。 3. 演員上下場標示經常有「只上不下」的情況,也會在某些需要「同下」情況中僅註明「下」,致使某些時機之場上人員不明。	1. 補充元代刊鈔本缺漏的排場與演員上下場提示。 2. 增加開場、收場等類型化的排場。亦有為觀眾喜愛熱鬧團圓或欣賞主角的興趣而增者。 3. 刪減觸犯禁令的排場。 4. 整併排場以使排場流暢。	1. 將前一階段繁複的演員排場「化繁為簡」,幾乎是此本主要的改編傾向。 2. 由於沒有亮相的需求,故減少依序而下的表演方式,多數改為「同下」。 3. 因為無有清空舞台的必要,故亦經常取消「吊場」

		5. 重新安排演員上下場的方式，以增加場面熱鬧及演員亮相的機會。	的安排。 4. 取消穿插性質人物之上下場，不藉此熱鬧場面。 5. 逐漸捨棄「虛下」的導演提示之意，而用其閱讀容易理解的「短暫離去」或「假意離去」之意。

如將此表對照於之前筆者曾經探討的曲文、上場詩及劇末韻白，則其各階段版本之特點，更可互相映襯，呼之欲出。此處筆者亦一併將曲文、上場詩及劇末韻白之比較結果歸納如下表，以便於讀者觀察：

【表 6-2】三階段元雜劇版本語言三元素比較表

版本 戲劇元素	元代刊鈔本	明代宮廷本	元曲選
曲文	1. 曲文為此一階段保存最完整的一類戲劇元素。 2. 但曲文中有不少訛誤，缺字、漏字、錯字、假借字等，在此本之中，屢見不鮮。	1. 大量的刪節重複抒情的曲牌，以配合演出的時間，並節省歌者之力。 2. 固定句式及追求聲調與曲調配合之趨向，顯示其不願歌者拗嗓的用心。 3. 襯辭的基數變化及襯上加襯的情況，則可見明代唱腔的改變及舞台表演的特質。 4. 用辭趨於謹慎及典雅化。	1. 在音樂格律上，追求曲牌名稱精確、套式合乎慣例、句式統一規整、及用韻嚴守中州韻。 2. 在文辭上，除了針對文義作出合乎時宜與劇情發展的改編外，亦努力修訂舊本錯誤的文辭與用典，還善用各種修辭技巧，使其用辭盡量合乎晚明趨於文士化的曲壇之鑑賞。

上場詩	1. 由於資料所限，對於元代刊鈔本雜劇使用上場詩的內涵，仍然無法全盤掌握，但元雜劇使用上場詩開始於元代，且部分詩句亦為後出版本所保留，這些都是可以被驗証的。 2. 使用的上場詩與之前戲劇或日常俗語雷同，也可略見其套用類型化詩對的戲劇手法。	1. 大量運用類型化的上場詩，如老婦、官員、強盜、店小二等，都有其慣用的上場詩。 2. 類型化上場對運用頗多，對於人物定場有其存在之意義。	1. 相對於宮廷本，其上場詩數量刪多於增。主要是減少類型化的上場詩，有些類型化詩對甚而被刪至完全隱沒。 2. 刪減刻劃功能短淺的上場對，或將上場對增句為上場詩，以增添描述功能及改變刻板印象。 3. 改編類型化上場詩或上場對，以貼近人物形象或故事情節。
劇末韻白	1. 劇末存在著「使命上封外末了、孤云了」、「駕斷出」、「駕封王了」、「駕云了」、「等地藏王隊子上、斷出了」等語，與後來的韻白誦唸模式極其相似的提示，極可能代表其使用的跡象。 2. 但其使用比例不高，應是偶一為之，未成慣例。	1. 使用頻繁，約佔所有劇目的百分之七八十，幾乎已成元雜劇演出的固定程式。 2. 依據題材類型之不同，誦唸之人物、文辭之框架、懲罰及讚揚之內容等，幾乎形成一套一套的固定模式，可便於演員之記憶與套用。 3. 演出方式則是集結劇中主要人物，呈現大團圓的和諧氣氛，而其最終集體恭敬禮拜之動作、滿口宣唸之頌辭，	1. 將劇末韻白的唸誦大多提示為「詞云」，以此類韻語多半具有講述性質，是一種可以對人言說的敘述性文詞。 2. 文句整齊，顯然經過編者刻意的整理修飾，追求閱讀上的美感，而失去口語的活潑特性。 3. 在文意的改作上，則減少了演出效果較強烈的獎懲之詞，轉而重視更具文學效果的劇情重敘，並重視其合理性。

		推論更將能滿足宮廷貴族之觀賞心態，成為元雜劇於內廷演出，圓滿落幕之最佳保証。	4. 文字書寫上追求對仗、押韻、用典及生動等文辭修飾，亦明顯為追求文學效果的作法。

　　整體而言，元代刊鈔本由於內容之簡省，即使記錄最詳盡的關目本，都不免有劇情難以銜接的缺漏，如以排場的角度來看，則主唱腳色未上場的過場與短場，便可能會有隻字未提、整場疏漏的情況，可見情節、排場完整，甚至出場角色有誰、共幾位等，原即非元代刊鈔本存在的必要條件。而其中腳色的安排，最為確定的，仍為主唱腳色，劇本的所有內容，幾乎皆為其一人而設，除曲文為必要之完整外，其扮相、賓白、科介都相對的完備。在劇本中大約僅針對主唱腳色形容扮相，賓白也大致僅記錄主唱腳色的，連科介的簡繁、陳述的對象，都是以主唱腳色為主要設想，故如言元代刊鈔本的提供對象，即為主唱腳色，應是最接近現實的狀態。至於有人藉此出版而順謀其利，有人好其樂事而意欲收藏，則亦皆人情之常，不在話下。

　　明代宮廷本則為第一部完整的元雜劇版本，它詳盡的記錄了明代的元雜劇演出內容，不但彌補了元代刊鈔本的缺漏，也記錄了劇本因明人觀賞意趣而增刪改編的內容。從它記錄的內容可知，這確確實實是一部為了適應明代舞台而重新整理改編的劇本。除了以往各家論者最常提起的「穿關」資料之外，仔細比對其與元代刊鈔本的內容差異亦可發現，它經常為了舞台的熱鬧或趣味，增加情節與排場，或多次增

添沒有情節推展需求的人物，使之穿插其中或一晃而過；另外，它也從反面的角度，刪減冗長的抒情曲文，使演出不致流於長時間的沈靜乏味。在明代宮廷本中，更有一套一套類型化的情節、排場、人物與詩句，可供隨時引入使用，以助於達到增添熱鬧與趣味的目的。它也曾為了避免觸犯禁令，刪減與「駕」相關的情節、排場與人物；為了演出的流暢，調整演員上下場的順序，以便於排場之整併；以沖末開場、以高官收場，並且形成襲套與慣例；調整曲文字句，以符合明代的唱腔與欣賞意趣。這些都可以看出，明代伶工為了適應明代宮廷的觀賞興味，確實在劇本的整編上，下了不少工夫。

　　而這類經過明代伶工重整與改訂的版本，不僅詳盡的記錄了舞台，同時也提供了一個可以案頭展讀的元雜劇文本。這也是此一版本不斷被流傳翻印，得以衍生出各種版面不同、字體不同，而內容卻幾乎完全等同的數種版本之主要原因。從刊印年代可知，這些重刻的版本，已經不再是為了演出的需求，而是提供閱讀的樂趣，所以各種版本的編刊者，除了各自選擇其心目中理想的劇目刊印之外，也都在排版印刷上，儘量追求字體之清晰及版面之精美，為明代留下不少合宜的閱讀版本。

　　但說到適合閱讀的版本，則應該還是以《元曲選》為時人的第一首選，這當與臧懋循在編選這部百種元雜劇時，便已有明確的目標直接相關。而在元雜劇已經不再演出的晚明時期，要在眾多同類型而且已經出版的刊本之中，顯得與眾不同而得到青睞，其適於案頭的努力，必然成為首要之務。如此理解，便不難想像臧懋循用力之深的終極原因了。

　　在《元曲選》中，除了定求百種之數以誇其收錄之豐富外，劇本中隨處可見臧懋循為閱讀而改訂的努力。為使文情合理通順，他改編劇情、增刪人物、調整字句；為免閱讀之不耐，他刪改類型化及重複的情節、排場、人物、曲文，乃至於一首詩、一句賓白；為求閱讀之明白流暢，他儘量減少使用已經不復存在舞台的術語，增加文體轉換及閱讀想像的具體動作提示，並以時人理解的腳色形象重新安排劇中人物之扮飾；當中亦有不少為增加版本魅力而改編的人物形象、文辭修飾，與整齊而統一的音樂格律。這些整理改編，都使得《元曲選》成為一本與眾不同的戲曲讀本，而為讀者所喜愛、選購，在流傳的過程中，顯得一枝獨秀，間接促使其他版本被忽視而逐漸散佚。

　　經過一系列的元雜劇版本研究，雖不敢說已經百分之百的呈現元雜劇版本的階段性差異及其背後的影響因素，但由完整一系列的劇目變化探索中，還是能夠慢慢尋出頭緒，使眾多零亂而紛雜的歧異現象，逐一歸整，透顯出可供理解的曙光，找到那條前人曾經帶著理想、面對現實，一步一步闖蕩過來的元雜劇變異之路。看著元雜劇一路從一種不期待收藏、研讀，僅供主唱參考取用的文本，到慢慢變成一種令人難以忘懷的表演藝術，不斷的被搜集、改編，由單純的演出價值，延伸出不可忽視的文學價值，而最後終於以場上案頭雙美之姿，永恆的保存其舞台、閱讀、收藏與研究價值，在表演史上、文學史上，都佔據著重要的一席之地。這條變異之路，看似崎嶇無端，實則條理分明，充滿著無限意趣，耐人尋味。

附錄一：明代宮廷本之情節增補[1]

劇目	折數	情節增補概要
楚昭公疎者下船	一	1、增：吳姬光與孫武子、伍子胥、太宰嚭等臣談論失劍攻楚之事。 2、增：楚昭王與其弟談論寶劍之珍貴。
	二	1、增：費無忌談及吳國以伍子胥領兵攻楚，楚國命其拒敵。
	三	1、增：龍神領命等待救援下水者。 2、增：梢公上場自報家門，為後來劇情做埋伏。 3、補：梢公本道無法載渡，半旋對他表明一行人身分，並提及平定後封賞，梢公勉強讓他們上船。 4、增：楚夫人與公子被龍神救起後相遇，埋怨楚昭王。
	四	1、增：申包胥與秦國君臣商議出兵救楚事。 2、增：楚昭王父子夫妻重逢，夫人道母子被救上岸後，叫化三年。 3、增：秦昭公奉周天子命為楚國君臣封賞。
西華山陳摶高臥	三	1、增：駕上，說明前事，並欲賜道號鶴氅金冠玉圭。
	四	1、增：鄭恩上場，說明前事，並安排美女侍候。
看錢奴買冤家債主	楔子	1、增：周榮祖上場言家世，道父母生時拆毀佛堂不行善事，至有今日。並帶著妻兒上京應舉，將祖財埋在後牆下。
	二	1、增：陳德甫上場自云其為賈仁家門館先生，並道賈仁之苟及其欲領養兒女之事，並將此事託付店小二。 2、補：賈仁自道其苛薄之狀。 3、增：賈仁得了便宜還賣乖，最後連答謝陳德甫的一盃酒都要省下，只以一個燒餅搪塞。

---

1 凡例：此表中註明「增」之情節，即元刊本未曾標示之排場；「補」則為元刊本中已有之排場，但由於元刊本標示簡陋，無法清楚得知其完整內容者。

	三	1、增：父子對話當中，深入刻畫賈仁之吝嗇。 2、補：其對白有長壽賄賂廟官情節，元刊本此處情節不明，【後庭花】「偏向廟官行圖些犒賞」之句似可見此一情節跡象。
	四	1、增：賣酒的上場。 2、增：周還陳與賣酒的錢，散財救濟貧難。 3、增：最後陳德甫、靈派侯誦唸詩語總結全劇，警醒世人。
相國寺公孫汗衫記	一	1、增：陳虎積欠房宿飯錢，為店小二設計驅趕。 2、補：張孝友認陳虎為兄弟，張文秀覺陳虎並非善類，不宜認義，因張孝友眼裏偏識陳虎為好人，張文秀不得已同意。並多敘及陳虎對張妻有窺探之意。 3、補：張夫人因同姓趙，故欲認趙興孫為侄。 4、增：趙興孫記住張員外一家人之恩，及陳虎之惡而去。 5、增：張孝友要陳虎不要在意父親說教的言語，而後進堂看父母親。
	三	1、補：張孝友至落水前仍識陳虎為好人，及張妻不得已要求分娩後才隨順陳虎。 2、補：張員外夫婦為叫化之事爭吵。 3、補：張員外夫婦錯認陳豹之間的趣味對白。 4、補：陳豹與碎銀，要二老在金沙院相等。 5、增：長老言道回方丈去。
	四	1、增：陳虎至此才問及陳豹，得知應武舉去了。 2、補：張妻原本不說與張文秀夫婦的關係，陳豹以死要脅才告知真相。 3、補：張妻欲至窩弓峪看孩兒情況。 4、補：趙興孫言自己打死解子逃跑，行搶為生，並提及當年恩仇。 5、補：張孝友仍認陳虎為好人，要孩兒別殺他。 6、增：府尹上場，奉聖命下斷，賜死陳虎。
死生交范張雞黍	楔子	1、補：王仲略自願為孔仲山獻萬言策求官，以為後面情節鋪陳。
	一	1、增：店小二上場賣酒侍候，王仲略自云偷改孔仲山萬言策而得官之事。 2、補：王仲略請范巨卿講述前皇後代之事，以便將來支對。 3、增：巨卿欲赴雞黍之會，王仲略亦欲一同前往。 4、補：張元伯相信巨卿必然赴會，請母親備得雞黍以待，及聚後約定明年張元伯赴范巨卿之會。最後元伯邀同仕進，巨卿表明淡泊的態度。

	二	1、增：張元伯因思念巨卿染病，囑付家人必待巨卿主喪下葬，否則靈車不動，而後過世。 2、補：前缺處補入巨卿對世道的看法。 3、增：第五倫聽聞此事，為二人友誼所感，借予馬匹代步，並表明托夢如真屬實，必然有所主張。
	三	1、增：眾人拽不動元伯的靈車。 2、補：巨卿誦唸祭文，及對張母說明元伯托夢之事。
	四	1、增：第五倫得知元伯事為實，上奏聖人，為巨卿加官賜賞。 2、增：第五倫誦唸聖命、賞善罰惡以總結全劇。
張孔目智勘魔合羅	楔子[2]	1、增：李彥實帶兒子李文道上場，介紹兩人及侄兒李德昌一家三口。 2、補：李德昌道別叔父與兄弟的對話。
	一	1、增：李文道上門調戲劉玉娘，劉求告李彥實將之斥回。 2、補：高山本來不願意為李德昌送信，經李苦苦央求才勉強答應。
	二	1、增：高山找到劉玉娘，經一番小爭執，識認後才告訴她李德昌染病之事，並送與其子佛留兒一個魔合羅。高山離去後，劉玉娘起程去尋李德昌。 2、補：李德昌本欲待劉玉娘至才服食，卻為李文道勸服。 3、增：劉玉娘趕至，見李德昌病重，本欲使牲口馱去，無奈李德昌七竅迸血而亡。 4、補：劉玉娘告訴李文鐸後，反被李威脅私休，劉玉娘不願妥協情願與李去見官。 5、增：李文道賄賂官員，將劉玉娘屈打成招。
	三	1、補：張鼎質問蕭令史的過程。 2、補：面對三日辦案期限，張鼎感嘆自己多管閒事可能招來禍殃，但又忍不住心中的正義感。
	四	1、補：高山本不與人寄信，忽記起就為李德昌寄了那麼一回。銬打後，張鼎將高山所訴一一拼湊，得出賽盧醫之名，並問出玉娘與賽盧醫的關係。又以高山不應塑魔合羅，杖打八十。 2、增：府尹知張鼎問明此案，誦唸判詞，使善惡各有報應。

---

2 本劇脈望館藏古名家本沒有「楔子」，但有【賞花時】及【么】二曲，應是遺漏標註，故此處情節仍題為「楔子」。

醉思鄉 王粲 登樓	一	3、補：王粲離去前為子建勸入辭別蔡相。 4、增：蔡相感到王粲的怨怪，子建慰解，二人同至後堂飲酒。
	二	1、補：荊王劉表出場表明身世，介紹轄下人馬。 2、補：荊王看過王粲所持薦書外寫子建拜書，內容實為蔡相 　　　所寫，便已大略猜得其中情由。 3、補：刪越蔡瑁二人科諢，對王粲之傲狀亦多鋪陳。 4、增：荊王離去，底下人故意冷淡對待王粲。
	三	1、增：許達說明身世，道其建樓以待四方官宦玩賞，並提起 　　　王粲之事。 2、補：許達介紹此樓、談孝順、登樓所見所賞、吟〈搗練歌〉， 　　　又以孔子之事相勸，並且各吟詩一首，王粲皆作詩以對。 　　　又增王粲欲跳樓，許達以古人之事加以勸慰。 3、補：聖命加王粲為天下兵馬大元帥。 4、增：許達通報王粲快接聖命，王粲表現出傲慢的態度。離 　　　去前對許達言報恩之意，許達亦料其此去必然為官。
	四	1、補：王粲當初蔡相傲慢對待的方式還治其身，又有子建說 　　　明蔡相背後為王粲所做種種，並唸誦詩語。

附錄二：《元曲選》之情節改編[1]

劇目	折數	宮廷本大意	元曲選改編
楚昭公 疏者 下船	一	吳姬光與孫武子、伍子胥、太宰嚭等臣談論失劍攻楚之事。	在言談動作間特意突顯伍子胥的地位及費無忌之奸惡。
		申包胥欲奔秦借兵，楚昭王寄與厚望，並期待其及早借兵歸來。	言談間論及費無忌之短見。
	二	費無忌談及吳國以伍子胥領兵攻楚，楚國命其拒敵。	除原先情節外，在費無忌言談間突顯其輕狂無知。
		楚昭王觀戰勢，道出伍子胥勢如破竹，層層進逼，鞭楚王屍首。楚昭王只能期待申包胥早日借得秦兵，以解楚國之危。	增加曲白，突顯伍子胥軍威之盛，及費無忌之慘敗。
		只有楚昭王與羋旋二人慌亂逃亡，未述及楚夫人與公子。	在逃亡過程中，突顯羋旋對楚王的護衛。
	三	梢公上場自報家門，為後來劇情做埋伏。	大同小異，梢公歌唱內容較俚俗。
		梢公本道無法載渡，羋旋對他表明一行人身分，並提及平定後封賞，梢公勉強讓他們上船。	梢公態度與宮廷本不同。當其明瞭昭公一行人身分之後，表現出恭敬的態度。
		楚夫人與公子被龍神救起後相遇，埋怨楚昭王。	刪
	四	父子夫妻重逢，夫人道母子	楚夫人母子被救上岸後，投

---

1 《西華山陳摶高臥》情節幾乎完全沒有更改，故不列入比較。

		被救上岸後，叫化三年。	到申屠氏家，十分供養。
		秦昭公奉周天子命為楚國君臣封賞。	秦國派百里奚送金枝公主與楚昭王小公子為婚，楚王重述逃難下水之事。
看錢奴買冤家債主	二	多敘及賈仁自道其苛薄之狀。	稍刪減描寫賈仁苛刻情狀。
	三	父子對話當中，深入刻畫賈仁之吝嗇。	刪部分長壽敗家的言語。改銀錢數量，如十兩→幾百錢、十文錢→一個錢、十文錢→五文錢。
		對白中演述長壽賄賂廟官情節。	增【醋葫蘆】曲白，表演廟官被長壽收買，長壽仗勢欺人的景況，加強所謂有錢能使鬼推磨的無情現實。
		賈仁魂魄上場，欲令周榮祖父子相認，二人卻因此再度發生衝突。	刪感嘆長壽的家庭教育失敗之尾曲。
	四	改先由店小二暫且與藥救濟，並引周榮祖夫妻向陳德甫討藥。	增賣酒的背後牢騷之言。
		陳德甫上場談道賈仁已死，自己仍在賈府上些文曆，又談及散藥濟貧之事。	陳德甫言其精神老憊而辭館開藥鋪。
			店小二聞小員外認親爹娘，特來觀看，周榮祖記起二十年前三鍾酒之恩。
		周還陳與賣酒的錢，散財救濟貧難。	多增報答店小二的三杯酒之恩，與陳德甫、店小二的一番推讓，又交待孩兒散財與貧難無倚的。
		最後陳德甫、靈派侯誦唸詩語總結全劇，警醒世人。	增靈派侯上問周榮祖省悟了嗎，而後自我介紹之語，並刪減陳德甫誦唸之韻白。

相國寺公孫合汗衫	一	趙興孫談及自己誤傷人命，為孔目所救之事，及張夫人因同姓趙，故欲認趙興孫為侄。	刪趙興孫言自己為孔目所救之事。另外，原本張員外要張夫人去看披枷帶鎖之人，此處改叫張孝友去看，連帶將張夫人認趙為侄兒的部分刪去。
		張孝友要陳虎不要在意父親說教的言語，而後進堂看父母親。	刪張孝友言欲進後堂看父母之言。
	二	陳虎云自己「賊到怕恩下不的手」。及言攛個下下中平便是個女兒。	改為一家兒好人家都在我手裏。又改攛個中平便是個女兒。
			增張員外學叫化聲給張夫人聽。
	三	陳虎打張孝友落水，張妻生下孩兒，認賊作父。其間多敘及張孝友至落水前仍識陳虎為好人，及張妻不得已要求分娩後才隨順陳虎。	刪減張落水過程，只令陳虎獨白敘說經過。
		張文秀見狀已能想像其中情由，因問陳豹的父母之名是否為陳虎李玉娥。	張文秀此處改問是否認得陳虎李玉娥。
		長老言道回方丈去。	
	四	張妻原本不說與張文秀夫婦的關係，陳豹以死要脅才告知真相。	陳豹並未以死要脅，只是心急問道。
		陳豹離去後，張妻欲至窩弓峪探看情況。	陳豹離去後，張妻欲至金沙院追薦張孝友。移陳豹追趕陳虎情節到後面。
		趙言自己打死解子逃跑，行搶為生，並提及當年恩仇。	改趙興孫做了巡檢。
		原本張妻向孩兒說明真相後，即演出其追拿陳虎情況。而劇末張家人相認之際，陳豹追趕陳虎經過，張妻欲兒認父。	改為陳豹至劇末才找到陳虎，並向陳虎說明殺他情由。陳虎知大事不妙欲逃跑，而為趙興孫協助拿住。二人一同前往金沙院。認父後才說明已捉得陳虎。

死生交范張雞黍	一	王仲略請范巨卿講述前皇後代之事,以便將來支對。	改講述道統相傳為我朝故事。
	二	張元伯因思念巨卿染病,囑付家人必待巨卿主喪下葬,否則靈車不動,而後過世。	刪因思念巨卿染病,只道不料染起疾病。
張孔目智勘魔合羅	一	高山本來不願意,經李苦苦央求才勉強答應。	刪「人無信不立」等對話。
	二	高山找到劉玉娘,經一番小爭執,識認後才告訴她李德昌染病之事,並送佛留兒一個魔合羅。高山離去後,劉玉娘起程去尋李德昌。	刪劉玉娘罵高山「有年無德」等對話情節。
	三	張鼎質問蕭令史的過程。	刪部分府尹為己分辯之辭。
	四	押劉玉娘銬訊問案情。	只是威脅要打,並未真的打劉玉娘。
醉思鄉王粲登樓	一	子建上場則說明丞相之計,蔡相託子建幫忙請其將來為此作見証。	蔡相並未刻意要子建做見証,反而子建言道自己惶愧虛做人情。
	三	王粲流落飄零,嘆荊王信讒言,自己不為所用。	增加說明自己將萬言書託子建奏與聖人之事。
		許達介紹此樓、談孝順、登樓所見所賞、吟〈搗練歌〉,又以孔子之事相勸,並且各吟詩一首,王粲皆作詩以對。又增王粲欲跳樓,許達以古人之事加以勸慰。	合併介紹此樓與登樓所見所賞、縮減談孝及孔子等長論。
		聖命加王粲為天下兵馬大元帥。	將王粲受封之職,多加「兼管左丞相之事」。
		許達通報王粲快接聖命,王粲表現出傲慢的態度。離去前對許達言報恩之意,許達亦料其此去必然為官。	王粲接命後不辭而去,許達嘆其傲慢,無怪其不為荊王所用。
	四	子建知王粲得官,特地前往蔡相處道喜,二人並一同前去王粲處賀喜。	原為子建到蔡相府中道喜,此處改為子建因蔡相之請而來。又增加王粲與蔡相針鋒相對的言論。
			增蔡相誦唸劇末讚詞,王粲釋懷高唱,收束全劇。

參考文獻

一、古代書籍

（一）雜劇總集、選集及校注本（按筆劃排列）

《元刊雜劇三十種》，收錄於《古本戲曲叢刊》第四集 1，古本戲曲叢刊編輯委員會編輯，北京：中華書局，1958。

《元刊雜劇三十種》，北京：（出版者不詳）1924 年（據日本大正三年京都帝國大學影印之版本）。

《日本藏元刊古今雜劇三十種》，北京：北京圖書館，1998年出版。

《元人雜劇選》，息機子選編，明萬曆戊戌（二十六年）原刊本。

《元明雜劇》二十七種（所收實為《古名家雜劇》），南京國學圖書館，合肥：黃山書社，1929 年。

《元明雜劇》，收錄於《古本戲曲叢刊》第四集 7，古本戲曲叢刊編輯委員會編輯，北京：中華書局，1958。

《元曲選》，臧懋循輯，上海：上海商務印書館，1918 年。

《元曲選》，臧懋循輯，上海：上海涵芬樓，1936 年。

《元曲選》，臧懋循輯，台北：臺灣中華書局，據明刻本校

刊，1965 年。

《元曲選》，臧懋循輯，台北：藝文印書館（出版年不詳，
　　約在民國四十年左右等版本）。

《元曲選校注》，王學奇主編，石家庄：河北教育出版社，
　　1994 年。

《元曲選外編》，隋樹森主編，北平：中華書局，1959。

《元雜劇選注》，王季思等，北京：北京出版社，1980。

《古名家雜劇》，收錄於《古本戲曲叢刊》第四集 4，古本
　　戲曲叢刊編輯委員會編輯，北京：中華書局，1958。

《古雜劇》，收錄於《古本戲曲叢刊》第四集 2，古本戲曲
　　叢刊編輯委員會編輯，北京：中華書局，1958。

《古今名劇合選》，孟稱舜選編，收錄於《續修四庫全書》
　　1763、1764 冊，上海：上海古籍出版社，2002 年。

《古今名劇合選》，收錄於《古本戲曲叢刊》第四集 8，古
　　本戲曲叢刊編輯委員會編輯，北京：中華書局，1958。

《全元雜劇》初、二、三、外編，楊家駱主編，台北：世界
　　書局，1962～1963 年。

《改定元賢傳奇》，李開先選編，收錄於《續修四庫全書》
　　1340 冊，上海：上海古籍出版社，1995 年。

《孤本元明雜劇》，趙元度集，王季烈校刊，涵芬樓刻印，
　　台南：平平出版社，1974。

《脈望館鈔校古今雜劇》，收錄於《古本戲曲叢刊》第四集
　　3，古本戲曲叢刊編輯委員會編輯，北京：中華書局，
　　1958。

《校訂元刊雜劇三十種》，鄭騫校訂，台北：世界書局，1962。

《新校元刊雜劇三十種》，徐沁君校點，北京：中華書局，
　　1980 年。

《元刊雜劇三十種新校》，寧希元校點，蘭州：蘭州大學出
　　版社，1988 年。

《陽春奏》，于若瀛編，明萬曆己酉（37 年）黃氏尊生館刊
　　本。

《陽春奏》，收錄於《古本戲曲叢刊》第四集 6，古本戲曲
　　叢刊編輯委員會編輯，北京：中華書局，1958。

《雜劇選》，收錄於《古本戲曲叢刊》第四集 5，古本戲曲
　　叢刊編輯委員會編輯，北京：中華書局，1958。

（二）其它論著（按著作年代排列）

戰國‧左丘明著，《左傳》，清嘉慶二十年重刊宋本，收錄
　　於《十三經注疏》（六），卷第五十四，台北：新文豐
　　出版公司，1977 年。

漢‧趙曄著，《吳越春秋》，台北：世界書局，1979 年影印
　　景明弘治覆元大德本。

宋‧吳自牧著，《夢粱錄》，西安：新華書店，2004 年。

明‧太祖敕編，《御制大明律》，明洪武三十年五月刊本。

元‧夏伯和著，《青樓集誌》，收錄於《歷代詩史長編二輯》
　　第二冊，台北：鼎文書局，1974 年。

明‧李開先著，《詞謔》，收錄於《歷代詩史長編二輯》第
　　三冊，台北：鼎文書局，1974 年。

明‧徐渭著，《南詞敘錄》，收錄於《歷代詩史長編二輯》
　　第三冊，台北：鼎文書局，1974 年。

明・何良俊著《曲論》，收錄於《歷代詩史長編二輯》第四冊，台北：鼎文書局，1974年。

明・王世貞著，《曲藻》，收錄於《歷代詩史長編二輯》第四冊，台北：鼎文書局，1974年。

明・徐復祚著，《曲論》，收錄於《歷代詩史長編二輯》第四冊，台北：鼎文書局，1974年。

明・魏良輔著，《曲律》，收錄於《歷代詩史長編二輯》第五冊，台北：鼎文書局，1974年。

明・沈寵綏著，《度曲須知》，收錄於《歷代詩史長編二輯》第五冊，台北：鼎文書局，1974年。

明・呂天成著，《曲品》，收錄於《歷代詩史長編二輯》第六冊，台北：鼎文書局，1974年。

明・顧起元著，《客座贅語》，收錄於《百部叢書集成》，台北：藝文出版社，1968年。

明・臧懋循著，《負苞堂集》，台北：河洛圖書出版社，1975年。

清・李漁著，《閒情偶寄》，收錄於《歷代詩史長編二輯》第七冊，台北：鼎文書局，1974年。

清・李斗著，《揚州畫舫錄》，台北：世界書局，1963年。

清・黃文暘撰，董康校訂，《曲海總目提要》，收錄於俞為民、孫蓉蓉主編，《歷代曲話彙編：新編中國古典戲曲論著集成》（三）清代編，合肥：黃山書社，2009年。

二、今人著書（按出版年月排列）

（一）書　籍

孫楷第著，《也是園古今雜劇考》，上海：上雜出版社，1953年。

傅惜華著，《元代雜劇全目》，北京：作家出版社，1957年。

傅惜華著，《明代雜劇全目》，北京：作家出版社，1958年。

嚴敦易，《元劇斠疑》，上海：中華書局，1960年。

孫楷第，《滄州集》，北京：中華書局，1965年。

王季烈著，《蝝廬曲談》，台北：台灣商務印書館，1971年。

鄭騫著，《景午叢編》，台北：台灣中華書局，1972年。

周貽白，《中國戲曲發展史綱要》，上海：上海古籍出版社，1979年。

孫楷第著，《元曲家考略》，上海：上海古籍出版社，1981年。

青木正兒著，隋樹森譯，《元人雜劇序說》，台北：長安出版社，1981年。

錢南揚，《戲文概論》，上海：上海古籍出版社，1981年。

莊一拂編著，《古典戲曲存目彙考》，上海：上海古籍出版社，1982年。

曾永義著，《說俗文學》〈中國古典戲劇腳色概說〉，台北：聯經出版社，1984年。

徐朔方著，《元曲選家臧懋循》，北京：中國戲劇出版社，

1985 年。

王安祈著，《明代傳奇劇場及其藝術研究》，台北：台灣學
　　生書局，1986 年。

吉川幸次郎著，鄭清茂譯，《元雜劇研究》，台北：藝文印
　　書館，1987 年。

曾永義著，《詩歌與戲曲》，台北：聯經出版社，1988 年。

蔡毅編著，《中國古典戲曲序跋彙編》，北京：齊魯書社，
　　1989 年。

鄭騫著，《龍淵述學》，台北：大安書局，1992 年。

曾永義著，《參軍戲與元雜劇》〈參軍戲及其演化之探討〉，
　　台北：聯經出版社，1992 年。

王國維著，《王國維戲曲論文集 ──〈宋元戲曲考〉及其他》，
　　台北：里仁書局，1993 年。

曾永義著，《論說戲曲》，台北：聯經出版社，1997 年。

徐扶明著，《元代雜劇藝術》，台北：學海出版社，1997 年。

吳國欽等編，《元雜劇研究》，武漢：湖北教育出版社，2003
　　年。

吳梅著，《中國戲曲概論》，北京：中國人民大學出版社，
　　2004 年。

周貽白著，《中國戲劇史長編》，上海：上海書店，2004 年。

季國平著，《元雜劇發展史》，石家庄：河北教育出版社，
　　2005 年。

游宗蓉，《元雜劇排場研究》，新北：花木蘭文化出版社，
　　2011 年。

陳富容，《明代流傳之元雜劇版本及其曲文改編研究》，新

北：花木蘭文化出版社，2014 年。

（二）期刊論文

鄭騫，〈元人雜劇異本比較舉例〉，《書和人》第九十八期，1968 年 11 月 30 日，頁 1～8。

鄭騫，〈元雜劇異本比較〉第一組，《國立編譯館館刊》第 2 卷第 2 期，1973 年 9 月，頁 1～45。

鄭騫，〈元雜劇異本比較〉第二組，《國立編譯館館刊》第 2 卷第 3 期，1973 年 12 月，頁 91～138。

鄭騫，〈元雜劇異本比較〉第三組，《國立編譯館館刊》第 3 卷第 2 期，1974 年 12 月，頁 1～46。

鄭騫，〈元雜劇異本比較〉第四組，《國立編譯館館刊》第 5 卷第 1 期，1974 年 6 月，頁 1～39。

鄭騫，〈元雜劇異本比較〉第五組，《國立編譯館館刊》第 5 卷第 2 期，1976 年 12 月，頁 1～59。

洛地，〈〝一正眾外〞〝一角眾腳〞——元雜劇非腳色制〉，《戲劇藝術》，1984 年第 3 期，頁 79-88。

林慶姬，《元雜劇賓白、語法研究》，政治大學中文研究所博士，1985 年。

蔣星煜，〈元人雜劇的選集與全集〉，《河北師院學報》，1996 年第 3 期，頁 39～43、127。

杜桂萍，〈文學性與舞台性的失衡——元雜劇衰微論之一〉，《求是學刊》，1997 年第 2 期，頁 70～74。

黃天驥，〈從〝引戲〞到〝沖末〞——戲曲文物、文獻參証之一得〉，《傳統文化與現代化》，1998 年第 5 期，頁

54-61。

趙天為，〈《顧曲齋元人雜劇選》審視〉，《徐州教育學院學報》第 14 卷第 2 期，1999 年 6 月，頁 24、33。

吳敢，〈《中國古代戲曲選本‧劇本選集》敘錄〉（上），《徐州教育學院學報》第 14 卷第 2 期，1999 年 6 月，頁 12～18。

宋若雲，〈誰駕玉輪入海底，輾破琉璃千頃 ── 《脈望館鈔校本古今雜劇》的發現和流傳〉，《學術研究》，1999 年 8 月，共 7 頁（頁數標示不明）。

趙天為，〈元雜劇選本研究初探〉（上），《徐州教育學院學報》第 14 卷第 3 期，1999 年 9 月，頁 36～38。

吳敢，〈《中國古代戲曲選本‧劇本選集》敘錄〉（下），《徐州教育學院學報》第 14 卷第 3 期，1999 年 9 月，頁 30～35

解玉峰，〈北雜劇〝外〞辨釋〉，《文獻季刊》，2000 年 1 月第 1 期，頁 155-161。

解玉峰，〈北雜劇〝沖末〞辨釋〉，《中華文史論叢》，2000 年第 62 輯，頁 233-242。

趙天為，〈元雜劇選本研究初探〉（下），《徐州教育學院學報》第 15 卷第 1 期，2000 年 3 月，頁 26～28。

吳慶禧，〈元雜劇元刊本到明刊本賓白之演變〉，《藝術百家》，2001 年第 2 期，頁 46～55。

伊維德著，宋耕譯，〈我們讀到的是「元」雜劇嗎 ── 雜劇在明代宮廷的嬗變〉，《文藝研究》2001 年第 3 期，頁 97～106。

鄧琪、鄧翔雲，〈從元雜劇的不傳，反思演員的創造力〉，《藝術百家》，2002 年第 4 期，頁 34～38。

譚秋明，〈元雜劇宮調、曲牌運用情況的量化研究〉，《廣州大學學報》第 2 卷第 11 期，2003 年 11 月，頁 4～7。

徐苗蓁，〈明代戲劇家李開先在藏書史上的貢獻〉，《專業史苑》，2004 年第 1 期。

龍珍珠，《金元雜劇賓白研究》，台灣師範大學中國文學研究所碩士，2004 年。

苗懷明，〈二十世紀《元刊雜劇三十種》的發現、整理與研究〉，《中國戲曲學院學報》第 25 卷第 1 期，2004 年 2 月，頁 15～17。

朱崇志，〈中國古典戲曲選本研究芻議〉，《重慶工商大學學報》第 21 卷第 3 期，2004 年 6 月，頁 123～125。

李舜華，〈教坊宴樂環境影響下的明前中期演劇〉，《上海戲劇學院學報》，2004 年第 3 期（總 119 期），頁 101～108。

陳志勇〈論北雜劇的上場詩〉，《藝術百家》第 81 輯，2005 年 1 月，頁 63。

曾永義，〈從格範、開呵、穿關到程式〉，《戲曲研究》第 68 輯，2005 年 2 月，頁 101。

孫崇濤，〈中國戲曲刻家述略〉，《中國戲曲學院學報》第 26 卷第 2 期，2005 年 5 月，頁 58～71。

孫崇濤，〈中國戲曲寫本述略〉，《中國戲曲學院學報》第 26 卷第 4 期，2005 年 11 月，頁 62～74。

張影，〈論明教坊編演本雜劇〉，《藝術百家》，2005 年第

5 期（總 85 期），頁 37～40、5。

郭妍琳，〈論南戲與北雜劇演出市場之爭〉，《藝術百家》，2005 年第 5 期，頁 30～33。

長松純子，《元雜劇上下場詩之研究》，武漢大學藝術學所碩士論文，2005 年。

汪詩佩，《從元刊本重探元雜劇 —— 以版本、體製、劇場三個面向為範疇》，清華大學中國文學研究所博士，2006 年 2 月。

王萬嶺，〈元刊雜劇〝折〞的起始與本義〉，《戲曲研究》第 65 輯，2006 年 4 月，頁 68。

解玉峰，〈論臧懋循《元曲選》於元劇腳色之編改〉，《文學遺產》，2007 年第 3 期，頁 97-106。

元鵬飛著，〈〝腳色〞與〝雜劇色〞辨析〉，《戲劇藝術》，2009 年第 4 期，頁 17。

陳富容，〈明代宮廷本元雜劇之劇末韻白研究〉，《銘傳大學 2013 年中國文學之學理與應用國際學術研討會論文集》，2013 年，銘傳大學應用中國文學系（所）編印，頁 171-196。

陳富容，〈《楚昭王疎者下船》之版本異文研究〉，《興大人文學報》第五十二期，2014 年 3 月，頁 226-228。

陳富容，〈《元曲選》劇末韻白之改編研究〉，《經典研讀教學學術研討會論文集》，銘傳大學應用中文系（所）編印，2014 年 3 月，頁 298-324

陳富容，〈《陳摶高臥》之版本保存及其異文研究〉，彰化師大《國文學誌》第二十八期，2014 年 6 月，頁 67-94）